Doris Muliar

Wintergerichte aus dem Thermomix®

Doris Muliar

Wintergerichte aus dem Thermomix®

100 tolle Eintöpfe, Aufläufe, Suppen und andere wärmende Mahlzeiten

riva

Bibliografische Information der Deutschen Nationalbibliothek
Die Deutsche Nationalbibliothek verzeichnet diese Publikation in der Deutschen Nationalbibliografie. Detaillierte bibliografische Daten sind im Internet über http://d-nb.de abrufbar.

Für Fragen und Anregungen:
info@rivaverlag.de

Wichtiger Hinweis:
Sämtliche Inhalte dieses Buches wurden – auf Basis von Quellen, die die Autorin und der Verlag für vertrauenswürdig erachten – nach bestem Wissen und Gewissen recherchiert und sorgfältig geprüft. Alle Rezepte in diesem Buch wurden für den Thermomix® TM5 entwickelt und mit diesem getestet. Bitte beachten Sie: Der Mixtopf des Thermomix® TM5 ist größer als der des TM31 (Kapazität von 2,2 Litern anstatt 2,0 Liter beim TM 31). Daher dürfen aus Sicherheitsgründen die Rezepte aus diesem Buch nur dann mit dem TM31 nachgekocht werden, wenn die Mengen angepasst wurden. Achten Sie auf die Füllstandsmarkierungen und überschreiten Sie die maximale Füllmenge nicht. Der Verlag und die Autorin haften für keine nachteiligen Auswirkungen, die in einem direkten oder indirekten Zusammenhang mit den Informationen stehen, die in diesem Buch enthalten sind.

Originalausgabe
2. Auflage 2017

Nymphenburger Straße 86
D-80636 München
Tel.: 089 651285-0
Fax: 089 652096

Redaktion: Caroline Kazianka
Umschlaggestaltung: Laura Osswald
Umschlagabbildung: Shutterstock: Maram, AS Food studio, HandmadePictures, Africa Studio, Seregam, Viktor1, Timolina, Jiri Hera, Hurst Photo, Ildi Papp, Ekaterina Kondratova, GreenArt Photography, anat chant, petrova_dc; Fotolia: nata_vkusidey
Satz: Satzwerk Huber, Germering
Druck: Florjancic Tisk d. o. o., Slowenien
Printed in the EU

ISBN Print 978-3-7423-0044-7
ISBN E-Book (PDF) 978-3-95971-425-9
ISBN E-Book (EPUB, Mobi) 978-3-95971-424-2

Inhaltsverzeichnis

Vorwort

Gefühlt haben wir gerade die Badesachen weggepackt, schon brausen die ersten Herbststürme über uns hinweg und der Winter steht vor der Tür. Die lange Dunkelheit, die niedrigen Temperaturen und die Nässe stellen wieder große Herausforderungen an unseren Körper. Er muss sich nun besonders anstrengen, fit und gesund zu bleiben. Neben reichlich Zitrusfrüchten, die wir jetzt gerne genießen (Mandarinen, Clementinen und die ersten Blutorangen lassen schon an Weihnachten denken), liefert uns die Natur etliche Gemüse, die erst im Herbst und Spätherbst geerntet werden und prall voll mit Stoffen sind, die der Organismus in dieser Zeit braucht: Antioxidantien, Flavonoide und Vitamine.

Gerne schließen wir uns dem Trend an, bevorzugt Gemüse aus der Region in den Mixtopf zu bringen. Die vielen Kohlsorten, aber auch Rote Bete und vielfarbige Möhren von den Feldern in unserer Nachbarschaft sorgen ohne lange Transportwege für gesunde Abwechslung auf dem Tisch und sind ökologisch unbedenklich – besonders wenn sie auch noch aus biologischem Anbau stammen.

Keine Angst, dass ein altmodisch anmutender Mief in Ihre Küche einzieht: Die Rezepte für Steckrüben, Kohl und Wurzelwerk haben von uns ein modernes Fitting bekommen – sie sind leicht, vielfach kalorienarm oder für die Low-Carb-Ernährung geeignet. Wir

haben natürlich auch an Vegetarier und Veganer gedacht, dennoch kommen Fisch- und Fleischesser ebenso auf ihre Kosten.
Genießen Sie unsere Winterküche mit kräftigen Eintöpfen, würzigen Aufläufen, raffinierten Suppen und Quiches und freuen Sie sich, dass das mit Ihrem Thermomix® so flott geht.

Zehn Punkte für Ihre Sicherheit

Wahrscheinlich sind Sie bestens vertraut mit dem Thermomix® und haben ihn schon längst in Ihren Kochalltag integriert. Wenn Sie Ihren Thermomix® aber längere Zeit nicht verwendet haben: Lesen Sie sich bitte noch einmal die Gebrauchsanleitung gut durch. Zur Sicherheit haben wir hier die wichtigsten Bedienungs- und Sicherheitsfragen für den TM 5 kurz zusammengefasst.

1. Wenn Sie etwas zerkleinern oder pürieren: Setzen Sie immer den Messbecher ein. Beim Zerkleinern von Nüssen, Gemüse oder anderen harten Lebensmitteln könnten sonst Teile herausgeschleudert werden. Beim Pürieren von heißen Suppen besteht Verbrennungsgefahr durch Spritzer! Verwenden Sie auch den Spritzschutz, wenn Sie vier oder mehr Portionen Suppe kochen – auch da kann es spritzen.
2. Bei heißem Mixtopfinhalt (über 60 °C) nicht sofort im Turbo-Modus pürieren und die Drehzahl nur langsam ansteigend erhöhen.
3. Beachten Sie die maximale Füllstandsmarkierung im Mixtopf. Er ist für 2,2 Liter ausgelegt.
4. Der Mixtopfdeckel entriegelt automatisch nach Ende der eingestellten Garzeit. Versuchen Sie nicht, ihn gewaltsam zu öffnen.
5. Beim Dampfgaren mit dem Varoma darf der Messbecher nicht eingesetzt werden – es kann sonst kein Dampf entweichen.
6. Bei Verwendung des Varoma muss der Dampf zirkulieren können. Lassen Sie daher immer einige Schlitze im Boden frei. Geben Sie genügend Wasser für die Dampfentwicklung in den Mixtopf. Setzen Sie stets den Varoma-Deckel auf und achten Sie darauf, beim Öffnen nicht mit dem heißen Dampf in Berührung zu kommen.

7. Der Rühraufsatz (Schmetterling) zum Schlagen von Eischnee oder Sahne darf nur bis höchstens Stufe 4 verwendet werden. Der Spatel darf bei Verwendung des Schmetterlings nicht eingeführt werden.
8. Bitte niemals ein anderes Rührwerkzeug als den Spatel in die Deckelöffnung einführen. Der Spatel ist mit seinem »Kragen« so konstruiert, dass er nicht mit den Messern in Berührung kommen kann.
9. Wenn Sie den Mixtopf zum Reinigen auseinandernehmen, gehen Sie äußerst vorsichtig mit dem Mixmesser um – die Messer sind höllisch scharf, es besteht Verletzungsgefahr.
10. Wenn Ihr Thermomix® keinen festen Platz in Ihrer Küche hat, stellen Sie ihn immer auf eine rutschfeste, ebene Arbeitsfläche. Beim Zerkleinern oder beim Rühren von Teigen könnte der Thermomix® durch Unwucht in Bewegung geraten. Bleiben Sie bei diesen Arbeitsschritten neben dem Gerät.

Infos zu den Rezepten

- Alle Rezepte sind für den TM 5 konzipiert.
- Die Nährwerte der Rezepte in diesem Buch sind nach dem Bundeslebensmittelschlüssel berechnet.
- Die Mengenangaben für das Gemüse beziehen sich auf unvorbereitete Ware.
- Mit Zwiebel meinen wir immer eine mittelgroße Zwiebel. Sonst ist angegeben: große oder kleine Zwiebel.
- Bei gebundenen Suppen mit Sahne verwenden wir stets Sahne zum Kochen mit 15 % Fett.
- 1 EL Öl schlägt bei den Nährwertberechnungen mit 15 g zu Buche.
- Milch verwenden wir immer in der fettarmen Version mit 1,5 % Fett.
- Wir nehmen den fettarmen Frischkäse mit 20 % Fett, obwohl auch Varianten mit weniger Fett angeboten werden.

Die Wintergemüse und ihre Inhaltsstoffe

Auf den nächsten beiden Seiten finden Sie Angaben zu den wichtigsten Inhaltsstoffen der in diesem Buch verwendeten Wintergemüse. Allen Gemüsen gemeinsam ist, dass sie voller Nährstoffe stecken, die uns in der kalten Jahreszeit widerstandsfähiger machen. Die große Kohlfamilie mit ihrem Oberhaupt Wirsing ist für die Winterernährung nahezu perfekt. Alle Sorten sind kalorienarm, strotzen nur vor Vitaminen und Mineralstoffen:
Folsäure (Vitamin B 9) schützt unter anderem vor Arteriosklerose und Schlaganfall. Retinol (Vitamin A 1) schützt vor Infektionen und hilft unserer Haut mit den Umwelteinflüssen besser fertig zu werden. Kalzium brauchen unsere Knochen, Kalium umsorgt Herz, Muskeln und Nerven. Das lebenswichtige Magnesium ist an zahlreichen Stoffwechselvorgängen beteiligt. Natrium reguliert den Wasserhaushalt im Körper und Phosphor sorgt zusammen mit Kalzium und dem Vitamin K für die Festigkeit von Zähnen und Knochen.
Die meisten Wintergemüse wirken blutbildend und entwässernd, helfen, den Cholesterinspiegel zu regulieren, und sind gut für Blutdruck und Verdauung. Sie sehen also, dass man auch mit einheimischen Gemüsesorten gut über den Winter kommen kann.
Ein weiterer Grund, sich verstärkt unserem Wintergemüse zu widmen ist: Es kommt nicht von weit her, sondern aus der Landwirtschaft meist aus unserer Region, hat jetzt Hochsaison und wird auf den Märkten preiswert angeboten.
Bei den Rezepten ist immer angegeben, ob die Menge für 2 oder 4 Portionen ausreichend ist, denn wir wollen immer darauf achten, dass nicht zu viel angeschnittenes Gemüse übrig bleibt. Bei größeren Mengen ist es meist möglich, die Reste einige Tage aufzubewahren oder einzufrieren.

Die wichtigsten Inhaltsstoffe der Wintergemüse (jeweils pro 100 g)

Brokkoli

kcal 28
E 3,78
F 0,20
KH 2,66
Mineralstoffe Kalzium, Kalium, Magnesium
Vitamine Folsäure, Retinol, Vitamin C, K

Blumenkohl

kcal 23
E 2,46
F 0,28
KH 2,34
Mineralstoffe Kalzium, Kalium
Vitamine Folsäure, Vitamin B, C, K

Chinakohl

kcal 16
E 1,07
F 0,30
KH 1,24
Mineralstoffe Kalzium, Kalium
Vitamine Folsäure,Vitamin K

Knollensellerie

kcal 19
E 1,55
F 0,33
KH 2,25
Mineralstoffe Kalzium, Kalium, Natrium, Phosphor
Vitamine Folsäure, Vitamin K

Kohlrabi

kcal 25
E 1,94
F 0,16
KH 3,70
Mineralstoffe Kalzium, Kalium, Natrium
Vitamine Folsäure, Retinol, Vitamin C

Grünkohl

kcal 37
E 4,30
F 0,90
KH 2,54
Mineralstoffe Kalzium, Kalium, Magnesium, Phosphor
Vitamine Folsäure, Retinol, Vitmin B, C, K

Lauch

kcal 25
E 2,14
F 0,29
KH 3,26
Mineralstoffe Kalzium, Kalium, Phosphor
Vitamine Folsäure, Retinol, Vitamin C, K

Kürbis

kcal 25
E 1,10
F 0,13
KH 4,59
Mineralstoffe Kalium, Phosphor
Vitamine Retinol

Maronen

kcal 261
E 2,68
F 10,91
KH 37,76
Mineralstoffe Eisen, Kalium, Magnesium
Vitamine Retinol, Vitamin K

kcal Kilokalorien; **E** Eiweiß; **F** Fett; **KH** Kohlenhydrate

Möhren

kcal 33
E 0,84
F 0,18
KH 6,80
Mineralstoffe Kalium, Magnesium, Phosphor
Vitamine Retinol

Pastinaken

kcal 59
E 1,31
F 0,43
KH 12,05
Mineralstoffe Kalzium, Kalium, Posphor
Vitamine Folsäure, Vitamin C

Petersilienwurzel

kcal 39
E 2,77
F 0,47
KH 6,05
Mineralstoffe Kalium, Magnesium, Phosphor
Vitamine Folsäure, Vitamin C

Rosenkohl

kcal 36
E 4,45
F 0,34
KH 3,29
Mineralstoffe Kalium, Phosphor
Vitamine Folsäure, Retinol, Vitamin B, C, K

Rote Bete

kcal 42
E 1,53
F 0,10
KH 8,38
Mineralstoffe Kalium, Magnesium, Natrium
Vitamine Folsäure, Vitamin K

Steckrüben

kcal 30
E 1,16
F 0,16
KH 5,71
Mineralstoffe Kalzium, Kalium, Phosphor
Vitamine Folsäure, Vitamin C

Schwarzwurzel

kcal 19
E 1,39
F 0,43
KH 2,12
Mineralstoffe Kalium, Magnesium, Phosphor
Vitamine Folsäure

Topinambur

kcal 31
E 2,44
F 0,41
KH 4,00
Mineralstoffe Kalium, Phosphor
Vitamine Folsäure

Weißkohl

kcal 25
E 1,38
F 0,19
KH 4,18
Mineralstoffe Kalzium, Kalium, Magnesium, Phosphor
Vitamine Folsäure, Vitamin B, C, K

Wirsing

kcal 27
E 2,78
F 0,32
KH 2,92
Mineralstoffe Kalzium, Kalium, Magnesium, Phosphor
Vitamine Folsäure, Vitamin B, C

Wintergemüse lagern

Früher waren von November bis April Wintergemüse – besonders Wurzeln und Knollen – wichtigstes Grundnahrungsmittel. Nach wie vor werden sie im Herbst geerntet und in Kühllagern bei etwa 5 °C eingelagert. Bei milden winterlichen Temperaturen können winterharte Wurzeln wie zum Beispiel Pastinaken und Schwarzwurzeln in der Erde bleiben und bis in den Frühling hinein geerntet werden. Manche Landwirtschaftsbetriebe verwenden immer noch – oder wieder – Erdmieten und Gemüsegruben. Das Prinzip: In einem Erdloch schützt eine Sandschicht vor Nässe und feiner Maschendraht vor Mäusen. Obenauf kommt

ein Brett mit einer Schicht Erde, wobei an den Seiten schmale Schlitze für den Luftaustausch frei gehalten werden.

In Ihrem Supermarkt oder am Wochenmarkt werden Sie die ganze Wintersaison über mit fachgerecht gelagertem Wintergemüse versorgt. Erdmieten, Gemüsegruben, Naturkeller und spezielle Plastiksäcke – das machen die Fachleute für Sie.

Und zu Hause: Kleinere Mengen frischen Gemüses, zum Beispiel nach einem Einkauf auf dem Bio-Hof, halten sich im Gemüsefach des Kühlschranks zwei bis drei Wochen. Sie können auch Styroporkisten zur Lagerung im Keller oder auf dem Balkon verwenden. Dazu die ungewaschenen Wurzeln hineinlegen und die Kisten nicht ganz luftdicht verschließen. Kohlköpfe fühlen sich in luftigen Holzkisten und mit Jute zugedeckt wohl.

Im Supermarkt oder auf dem Markt gekauftes Gemüse sollten Sie innerhalb einer Woche aufbrauchen. Achten Sie beim Einkauf auf frische Schnittstellen am Strunk und auf die äußeren Blätter. Obwohl sie vor der Zubereitung entfernt werden, sollten sie doch keine gelblichen oder bräunlichen Stellen aufweisen und schön fest sein. Zum Aufbewahren von Kohlrabi und Möhren sollten Sie die Blätter vorher abschneiden, da sie der Pflanze Feuchtigkeit entziehen. Die frischen Blätter können dann gut für einen »Greenie« verwendet oder in feinen Streifen in einem Rohkostsalat gegessen werden. Angeschnittene Kohlköpfe können Sie zwei bis drei Tage mit Frischhaltefolie abgedeckt im Kühlschrank lassen.

Zum Umgang mit diesem Buch

Bei jedem Rezept finden Sie ausführliche Nährwertangaben. Kcal steht hierbei für Kalorien, E für Eiweiß, F für Fett und KH für Kohlenhydrate.
Außerdem sind die Rezepte verschiedenen Kategorien zugeordnet, damit Sie immer sofort sehen, welches Gericht mit Fisch, mit Fleisch, vegetarisch oder vegan ist und welches sich für eine Diät eignet.

Fettarm

Kalorienarm

Low-Carb

Mit Fisch

Mit Fleisch

Vegan

Vegetarisch

Rezepte

Blumenkohl und Brokkoli

Blumenkohl war immer schon ein beliebtes Gemüse für winterliche Eintöpfe und Aufläufe. Neuerdings wird das kalorienarme Gemüse in der Low-Carb-Küche fein zerkrümelt gerne als Mehlersatz genommen.
Anders als bei den bekannten Kohlsorten werden nicht die Blätter, sondern der Blütenstand gegessen. Wenn während des Wachstums die Hüllblätter die Blume nicht umschließen, entsteht – je nach Sorte – violetter, gelber oder roter Blumenkohl. Erhältlich ist er mittlerweile das ganze Jahr über. In Deutschland wird Blumenkohl von etwa Juni bis Ende Oktober geerntet und dann eingelagert. Gerne wird er auch aus Spanien oder Italien geholt.
Achten Sie beim Einkauf auf das Drumherum: Die Blätter sollten frisch und grün und der Strunk noch saftig sein. Im Gemüsefach können Sie Blumenkohl einige Tage aufbewahren – auch nachdem Sie die benötigte Menge an Röschen entnommen haben.
Der grüne Bruder des Blumenkohls, der Brokkoli, wird in manchen Gegenden auch Bröckel-Spargel oder Winterblume genannt. Der hübsche Grüne wird bei uns bis Ende Oktober im Freiland geerntet und lässt in der Küche so ziemlich alles mit sich machen. Er ist ein bisschen empfindlicher als Blumenkohl – achten Sie beim Einkauf auf einen geschlossenen, tiefgrünen Blütenstand.

Brokkoli-Möhren-Eintopf mit Käse

Thermomix® + Varoma

Für 2 Portionen • Pro Portion: 350 kcal, 21 g E, 17 g F, 27 g KH

250 g Brokkoli
150 g Kartoffeln
150 g Möhren
300 ml Gemüsebrühe
250 ml fettarme Milch oder Sojamilch
75 g Cheddar
Salz, Pfeffer
geriebene Muskatnuss

1. Den Brokkoli putzen, waschen, ein paar Röschen abschneiden und in den Varoma legen. Die übrigen Röschen und den Stängel grob zerschneiden. Kartoffeln und Möhren schälen, putzen, waschen und grob in Stücke schneiden.
2. Brokkoli (abgesehen von den Röschen im Varoma), Möhren und Kartoffeln in den Mixtopf geben, den Messbecher aufsetzen und 5 Sekunden/Stufe 5 zerkleinern.
3. Die Brühe und Milch angießen, den Varoma aufsetzen und 10 Minuten/Varoma/Stufe 0,5 kochen. Den Varoma abnehmen und beiseitestellen.
4. Den Käse in den Mixtopf geben und alles weitere 3 Minuten/120 °C/Stufe 0,5 kochen, bis der Käse geschmolzen ist. Dann 30 Sekunden/Stufe 5–8 ansteigend fein pürieren.
5. Den Eintopf mit Salz, Pfeffer und Muskatnuss abschmecken, auf 2 Teller verteilen und die gedämpften Brokkoliröschen in die Mitte setzen.

Blumenkohlpizza

Thermomix® + Backofen
Für 2 Portionen • Pro Portion: 417 kcal, 31 g E, 26 g F, 10 g KH

50 g Parmesan
500 g Blumenkohl
Salz
600 ml Wasser
1 Kugel Mozzarella
2 Tomaten
2–3 Stängel Basilikum
2 Eier, Größe M
Pfeffer

1. Parmesan in 2 cm große Stücke schneiden und 10 Sekunden/Stufe 10 im Mixtopf raspeln. (Den Messbecher aufsetzen.) In eine kleine Schüssel umfüllen.
2. Den Blumenkohl putzen, waschen, in Röschen teilen und dabei die grünen Blätter sorgfältig entfernen – sie können bitter schmecken.
3. Blumenkohl in den Mixtopf geben und 6 Sekunden/Stufe 6 schroten. Salz und Wasser dazugeben und 8 Minuten/100 °C/Stufe 0,5 zugedeckt kochen, bis die Blumenkohlkrümel sehr weich sind. Den Backofen auf 200 °C vorheizen (Umluft 180 °C).
4. In der Zwischenzeit den Mozzarella gut abtropfen lassen und in dünne Scheiben schneiden. Die Tomaten waschen und ebenfalls in Scheiben schneiden. Das Basilikum waschen, trockenschütteln und die Blätter von den Stielen zupfen.
5. Ein Sieb mit einem sauberen Küchentuch auslegen, den gekochten Blumenkohl hineingeben und gut auspressen. Es soll möglichst wenig Flüssigkeit in der Blumenkohlmasse bleiben.
6. Blumenkohl in den Mixtopf zurückgeben, Parmesan, Eier und Pfeffer dazugeben und alles 10 Sekunden/Stufe 4 zu einem Teig verrühren.
7. Das Backblech mit Backpapier auslegen, aus dem Teig 2 Pizzen von ca. 20 cm Durchmesser formen und auf das Blech legen. Pizzen mit den Tomaten- und Mozzarellascheiben belegen und 20–25 Minuten im vorgeheizten Backofen ba-

cken, bis die Käsescheiben geschmolzen und die Ränder goldgelb sind. Mit den Basilikumblättern bestreut servieren.

TIPP: **Nicht nur Blumenkohl eignet sich für einen Pizzaboden. Versuchen Sie auch mal Kohlrabi oder Pastinaken. Wenn Sie öfter solche Gemüseteige verwenden wollen: Es gibt sogenannte Nussmilchbeutel zu kaufen, mit denen Sie die gekochten Gemüsekrümel sehr gut auspressen können.**

Blumenkohlgratin mit Hackfleisch

Thermomix® + Backofen

Für 4 Portionen • Pro Portion: 490 kcal, 28 g E, 37 g F, 11 g KH

100 g Emmentaler
400 g Blumenkohl
1 Zwiebel
2 Knoblauchzehen
5 Stängel glatte Petersilie
2 Tomaten
2 EL Rapsöl
300 g Rinderhackfleisch
1 EL getrockneter Majoran
2 EL Semmelbrösel
Salz, Pfeffer
150 ml saure Sahne
50 ml Milch
1 Ei, Größe M
etwas Fett für die Form

1. Den Käse in etwa 2 cm große Stücke schneiden, in den Mixtopf geben, den Messbecher aufsetzen und 15 Sekunden/Stufe 6 reiben. In eine kleine Schüssel umfüllen.
2. Den Blumenkohl putzen, waschen, in Röschen teilen und im zugedeckten Mixtopf 5 Sekunden/Stufe 5 zerkleinern. In eine Schüssel umfüllen.
3. Die Zwiebel abziehen und vierteln. Die Knoblauchzehen schälen. Die Petersilie waschen, trockenschütteln und die Blätter von den Stielen zupfen. Die Tomaten waschen, vierteln und die Stielansätze entfernen.
4. Den Backofen auf 180 °C (Umluft 160 °C) vorheizen. Zwiebel, Knoblauch und Petersilie in den Mixtopf geben, den Messbecher aufsetzen und alles 5 Sekun-

den/Stufe 5 zerkleinern. Mit dem Spatel nach unten schieben, das Öl dazugeben und 3 Minuten/120 °C/Stufe 0,5 andünsten.

5. Das Hackfleisch, die Tomaten und den Majoran dazugeben und 5 Minuten/100 °C/Stufe 1 linksdrehend andünsten. Zwischendurch eventuell das Hackfleisch nochmals mit dem Spatel nach unten schieben. Die Semmelbrösel dazugeben, Fleisch-Tomaten-Masse mit Salz und Pfeffer würzen und kurz auf Stufe 2 linksdrehend durchrühren.
6. Den geraspelten Käse in der Schüssel mit der sauren Sahne, der Milch und dem Ei verquirlen.
7. Eine Quicheform von ca. 25 cm Durchmesser etwas einfetten, die Hackfleischmischung darin verstreichen, den Blumenkohl darübergeben und die Käsemasse obenauf verstreichen.
8. Die Form in den Ofen geben und Gratin im vorgeheizten Backofen auf der mittleren Schiene 40–45 Minuten backen, bis der Käse goldgelb ist.

TIPP: **Das Gratin eignet sich auch gut als Vorspeise für Gäste. Verteilen Sie es auf 8 kleine Gratinformen – die Backzeit verringert sich dann auf etwa 30 Minuten.**

Blumenkohl-Brokkoli-Auflauf mit Béchamelsauce

Thermomix® + Varoma + Backofen

Für 4 Portionen • Pro Portion: 381 kcal, 17 g E, 11 g F, 53 g KH

500 g Blumenkohl
300 g Brokkoli
200 g Spiralnudeln
Salz
1,5 l Wasser
etwas Fett für die Form
30 g Weizenmehl
2 EL Olivenöl
½ l Milch
Salz, Pfeffer
geriebene Muskatnuss

1. Blumenkohl und Brokkoli in Röschen teilen, putzen, waschen und in den Varoma legen. Die Spiralnudeln in das Garkörbchen legen.
2. Salzwasser in den Mixtopf geben, den Varoma aufsetzen und 10 Minuten/Varoma/Stufe 0,5 dampfgaren. Das Garkörbchen in den Mixtopf einsetzen und alles zusammen weitere 7–10 Minuten (je nach Kochzeit der Spiralen)/Varoma/Stufe 0,5 garen.
3. Den Backofen auf 180 °C (Umluft 160 °C) vorheizen. Eine Auflaufform dünn einfetten und das Gemüse und die gut abgetropften Spiralen hineingeben.
4. Den Mixtopf ausleeren und abtrocknen. Mehl und Olivenöl hineingeben und 6 Sekunden/Stufe 4 vermischen. Die Milch dazugießen, mit Salz, Pfeffer und Muskatnuss würzen und 6 Minuten/100 °C/Stufe 3 kochen.
5. Die Béchamelsauce über das Gemüse gießen. Form in den Backofen schieben und Auflauf 25–30 Minuten überbacken, bis die Béchamelsauce Farbe anzunehmen beginnt.

TIPP: **Der Auflauf schmeckt natürlich auch gut, wenn Sie über die Béchamelsauce noch 100 g geriebenen Parmesan oder Gruyère streuen und das Ganze goldgelb backen.**

Blumenkohl-Muffins

Thermomix® + Backofen

Für 12 Stück • Pro Stück: 115 kcal, 5 g E, 6 g F, 11 g KH

500 g Blumenkohlröschen
100 g fettarmer Quark
150 g Weizenmehl
1 Päckchen Backpulver
100 ml Milch
3 EL Rapsöl
3 Eier, Größe M
Salz, Pfeffer
etwas Fett für die Form
2 EL gehackte glatte Petersilie nach Belieben

1. Den Backofen auf 180 °C (Umluft 160 °C) vorheizen.
2. Den Blumenkohl putzen, in Röschen teilen und waschen. In den Mixtopf geben, den Messbecher aufsetzen und 6 Sekunden/Stufe 8 fein schroten. Mit dem Spatel nach unten schieben.
3. Quark, Mehl, Backpulver, Milch, Öl, Eier, Salz und Pfeffer dazugeben und alles 20 Sekunden/Stufe 4 verrühren.
4. Ein Muffinblech dünn einfetten oder die Mulden mit Papierförmchen auslegen und den Teig gleichmäßig darin verteilen. Blech in den Backofen geben und Muffins auf der mittleren Schiene 25–30 Minuten backen, bis sie goldgelb sind.
5. Bei abgeschaltetem Ofen Muffins noch 5 Minuten ruhen lassen. Dann aus den Mulden heben, eventuell mit Petersilie bestreuen und lauwarm servieren.

TIPP: **Sie können die Petersilie oder andere Kräuter (zum Beispiel Thymian oder Rosmarin) auch gleich in den Teig mit einarbeiten. 50 g Kräuter entweder von Hand grob hacken oder zusammen mit dem Blumenkohl zerkleinern.**

Gratinierter Blumenkohl

Thermomix® + Backofen

Für 2 Portionen • Pro Portion: 221 kcal, 19 g E, 12 g F, 8 g KH

400 g Blumenkohl
2 Stängel Dill
Salz
600 ml Wasser
40 g Parmesan
2 Eier, Größe M
75 ml Milch
Salz, Pfeffer
geriebene Muskatnuss
etwas Fett für die Form

1. Den Blumenkohl putzen, in Röschen teilen und waschen. Die Stiele grob zerschneiden. Den Dill waschen, trockenschütteln und die Blättchen von den Stielen zupfen. Hacken und beiseitestellen. Den Backofen auf 200 °C (Umluft 180 °C) vorheizen.
2. Blumenkohlstiele in den Mixtopf geben, Messbecher einsetzen und 4 Sekunden/Stufe 4 zerkleinern. Salzwasser dazugeben, das Garkörbchen einhängen und die Blumenkohlröschen hineingeben. Alles zusammen 9 Minuten/100/Stufe 0,5 bissfest kochen. Durch ein Sieb abgießen und gut abtropfen lassen. Den Mixtopf abtrocknen.
3. Den Parmesan in 2 cm große Stücke schneiden, in den Mixtopf geben, den Messbecher aufsetzen und 10 Sekunden/Stufe 10 reiben. Eier, Milch und die Gewürze dazugeben und 5 Sekunden/Stufe 3 verrühren.
4. Eine feuerfeste Form (etwa 24 cm Durchmesser) dünn einfetten. Die Blumenkohlröschen und -stiele hineingeben und leicht andrücken. Mit der Eiermilch übergießen und Form in den Ofen geben. Blumenkohl 20–25 Minuten backen, bis die Oberfläche goldgelb ist.
5. Mit dem Dill bestreut gleich in der Form servieren.

Blumenkohl-Brokkoli-Fritters

Thermomix® + Backofen oder Pfanne

Für 2 Portionen • Pro Portion: 341 kcal, 18 g E, 16 g F, 32 g KH

4 Lauchzwiebeln
1 Knoblauchzehe
2 Stängel glatte Petersilie
250 g Blumenkohl
200 g Brokkoli
10 g Kokosöl oder Rapsöl
je ½ TL Kreuzkümmel und Kurkuma
60 g Semmelbrösel
2 Eier, Größe M
Salz, Pfeffer
50 g saure Sahne oder Crème légère

1. Den Backofen auf 200 °C (Umluft 180 °C) vorheizen. Die Lauchzwiebeln putzen, waschen und grob zerschneiden. Etwas vom dunklen Grün zum Garnieren in Ringe schneiden und beiseitestellen. Die Knoblauchzehe abziehen.
2. Die Petersilie waschen, trockenschütteln und die Blätter von den Stielen zupfen. Den Blumenkohl und Brokkoli putzen, in Röschen teilen und waschen. Die Stiele anderweitig, zum Beispiel für eine Suppe, verwenden.
3. Zwiebeln, Knoblauch und Petersilie in den Mixtopf geben, den Messbecher aufsetzen und 5 Sekunden/Stufe 5 zerkleinern. Mit dem Spatel nach unten schieben, das Öl dazugeben und 3 Minuten/120 °C/Stufe 0,5 andünsten.
4. Blumenkohl, Brokkoli, Kreuzkümmel und Kurkuma in den Topf geben, Messbecher aufsetzen und 15 Sekunden/Stufe 6 schroten. Mit dem Spatel nach unten schieben, Brösel, Eier, Salz und Pfeffer dazugeben und 5 Sekunden/Stufe 3 verrühren. Masse in eine Schüssel umfüllen.
5. Ein Backblech mit Backpapier auslegen. Mit feuchten Händen aus dem Teig 8–10 flache Küchlein formen, auf das Blech legen und im vorgeheizten Backofen 10 Minuten backen, dann Küchlein wenden und in weiteren 10 Minuten im Ofen goldgelb fertig backen.

6. Auf 2 Teller verteilen, mit den Lauchzwiebelringen bestreuen und die saure Sahne getrennt dazu servieren.

TIPP: **Sie können die Fritters auch mit 2–3 EL Rapsöl in einer großen beschichteten Pfanne bei mittlerer Hitze 3–4 Minuten von jeder Seite backen. Auf Küchenpapier abtropfen lassen.**

Blumenkohltorte mit Putenfleisch

Thermomix® + Varoma + Backofen
Für 4 Portionen • Pro Portion: 526 kcal, 27 g E, 29 g F, 40 g KH

50 g alter Gouda oder Gruyère
400 g Blumenkohl
200 g Putenschnitzel
Salz
1 l Wasser
80 g Butter
2 Eier, Größe M
75 ml Schmand
Pfeffer
200 g Weizenmehl
1 Päckchen Backpulver
etwas Fett und Mehl für die Form

1. Den Käse in den Mixtopf geben, Messbecher aufsetzen und 8 Sekunden/Stufe 8 reiben. In eine kleine Schüssel umfüllen und beiseitestellen.
2. Den Blumenkohl in kleine Röschen teilen, waschen und in das Garkörbchen geben. Die Putenschnitzel mit einem scharfen Messer in feine Streifen schneiden, kräftig salzen und in den Varoma legen.
3. Wasser in den Mixtopf füllen, Garkörbchen mit dem Blumenkohl einhängen, Varoma aufsetzen und 20 Minuten/Varoma/Rührstufe dämpfen. Den Backofen auf 180 °C (Umluft 160 °C) vorheizen.
4. Varoma und Garkörbchen beiseitestellen, Mixtopf ausleeren und abtrocknen. Butter in den Mixtopf geben und 2 Minuten/70 °C/Stufe 2 schmelzen. Etwas abkühlen lassen und dann mit 25 g Käse, Eiern, Schmand, Salz, Pfeffer, Mehl und Backpulver 10 Sekunden/Stufe 3 zu einem Teig verrühren.
5. Den Blumenkohl dazugeben und 7 Sekunden/Stufe 2 linksdrehend untermischen.

6. Die Hälfte der Masse in eine leicht gefettete und bemehlte Springform (ca. 16 cm Durchmesser) geben, die Putenstreifen darauf verteilen und mit der restlichen Blumenkohlmasse bedecken. Glatt streichen und mit dem restlichen Käse bestreuen.
7. Blumenkohltorte in den Ofen geben und auf der 2. Schiene von unten 25–30 Minuten backen, bis sie goldgelb ist.
8. Aus dem Ofen nehmen und Kuchen in der Form 10 Minuten etwas abkühlen lassen. Nach Belieben mit etwas Salat (zum Beispiel Rucola) servieren.

VARIANTE: **Wenn Sie die Torte mit Lachs zubereiten wollen, können Sie mit 200 g frischem Lachsfilet ohne Haut genauso verfahren wie mit dem Putenfleisch. Geräucherten Lachs brauchen Sie nicht zuvor zu dünsten. Der kommt einfach in Scheiben zwischen die beiden Blumenkohl-Schichten.**

Wintertarte mit Brokkoli, Rosenkohl und Tomaten

Thermomix® + Varoma + Backofen

Für 4 Portionen • Pro Portion: 786 kcal, 26 g E, 51 g F, 54 g KH

Für den Mürbeteig:
240 g Weizenmehl
120 g Butter
1 Ei, Größe M
1 Prise Salz

Für den Belag:
50 g Pecorino
400 g Brokkoli
200 g Rosenkohl
1 l Wasser
150 g Cherry-Rispentomaten
1 Bund Lauchzwiebeln
5 Stängel Dill oder glatte Petersilie
25 g getrocknete Tomaten
1 EL Olivenöl
200 g Schmand
50 ml Milch
2 Eier, Größe M
Salz, Pfeffer
etwas Fett für die Form
25 g entsteinte grüne oder schwarze Oliven

1. Alle Zutaten für den Teig in den Mixtopf geben und 15 Sekunden/Stufe 4 vermischen. Auf die Arbeitsfläche schütten und rasch mit den Händen eine Teigkugel formen. In Klarsichtfolie wickeln und ½ Stunde im Kühlschrank ruhen lassen. Den Mixtopf spülen und abtrocknen.
2. Den Käse in den Mixtopf geben, Messbecher aufsetzen und 8 Sekunden/Stufe 8 zerkleinern. In eine kleine Schüssel umfüllen und beiseitestellen.
3. Brokkoli in Röschen teilen, Rosenkohl putzen. Beides waschen und in den Varoma legen. Wasser in den Mixtopf füllen, den Varoma aufsetzen und 20 Minuten/Varoma/Rührstufe dämpfen.
4. In der Zwischenzeit die Tomaten waschen und in Scheiben schneiden. Die Lauchzwiebeln putzen, waschen und grob in Stücke schneiden. Den Dill waschen, trockenschütteln, die Blätter von den Stielen zupfen und fein hacken. Die getrockneten Tomaten in Streifen schneiden. Den Backofen auf 180 °C (Umluft 160 °C) vorheizen.

5. Den Varoma abnehmen und beiseitestellen. Mixtopf ausleeren und abtrocknen. Lauchzwiebeln und Öl in den Mixtopf geben und 5 Sekunden/Stufe 5 zerkleinern. Mit dem Spatel nach unten schieben und 3 Minuten/120 °C/Stufe 1 andünsten.
6. Pecorino, Schmand, Milch, Eier, Salz und Pfeffer dazugeben und 10 Sekunden/Stufe 3 verrühren.
7. Eine leicht gefettete Springform (ca. 28 cm Durchmesser) mit dem Teig auskleiden und dabei den Teig am Rand bis zur Kante hochziehen. Den Teigboden mit einer Gabel einige Male einstechen.
8. Brokkoli und Rosenkohl einfüllen, mit den Tomatenscheiben belegen und die Oliven und getrockneten Tomaten daraufgeben. Mit der Käse-Eier-Mischung begießen. Springform in den Backofen geben und Tarte 40–45 Minuten backen, bis der Teigrand goldgelb und der Käse geschmolzen ist.
9. Tarte in der Form bei abgeschaltetem Backofen etwas auskühlen lassen, dann aus dem Ofen nehmen, aus der Springform lösen und mit Dill bestreut servieren.

TIPP: **Wenn Sie die Wintertarte mit etwas weniger Kalorien zubereiten wollen, sollten Sie auf den Mürbeteig, der ja sehr gehaltvoll, aber auch lecker ist, verzichten und können stattdessen den Quark-Öl-Teig von der Lauchquiche mit Lachs auf Seite 108 nehmen.**

ZUM VERGLEICH: **Mürbeteig pro Portion: 445 kcal, 8 g E, 27 F, 44 KH; Quark-Öl-Teig pro Portion: 332 kcal, 9 g E, 16 g F, 38 g KH**

Brokkolieintopf mit Lachs und Farfalle

Thermomix® + Varoma

Für 2 Portionen • Pro Portion: 632 kcal, 30 g E, 29 g F, 62 g KH

1 kleine Zwiebel
1 Knoblauchzehe
200 g Brokkoliröschen
150 g Lachsfilet ohne Haut
1 EL Olivenöl
400 ml Gemüsebrühe
150 g Farfalle
1 Döschen Safranfäden
2 Stängel Dill
Salz, Pfeffer
75 g Crème légère

1. Die Zwiebel abziehen und vierteln. Knoblauchzehe schälen. Die Brokkoliröschen waschen und in mundgerechte Stücke schneiden. Stiele anderweitig verwenden, zum Beispiel für eine Suppe.
2. Ein Stück Pergamentpapier zurechtschneiden und auf den Einlegeboden des Varoma geben. (Darauf achten, dass die Schlitze an den Seiten frei bleiben, damit der Dampf zirkulieren kann.) Das Lachsfilet in Würfel schneiden und auf das Papier legen.
3. Zwiebel und Knoblauch mit dem Olivenöl in den Mixtopf geben, den Messbecher aufsetzen und 3 Sekunden/Stufe 5 zerkleinern. Mit dem Spatel nach unten schieben und 3 Minuten/120 °C/Stufe 1 andünsten.
4. Brühe, Farfalle, Brokkoli und Safran dazugeben, den Varoma aufsetzen und 12–14 Minuten/Varoma/Rührstufe linksdrehend kochen.
5. In der Zwischenzeit den Dill waschen, trockenschütteln, die Blätter von den Stielen zupfen und hacken.

6. Den Varoma abnehmen, die Farfalle probieren und gegebenenfalls noch 30–50 ml Wasser zugeben und 1–2 Minuten weiter bei 100 °C/Rührstufe linksdrehend garen.
7. Nudel-Gemüse-Mischung mit Salz und Pfeffer abschmecken, den Lachs und die Crème fraîche dazugeben und 6 Sekunden/Stufe 2 linksdrehend untermischen.
8. Auf 2 Teller verteilen und mit dem Dill bestreut servieren.

INFO: **Farfalle, so heißen Schmetterlinge auf Italienisch. Sie können aber auch andere Nudeln, zum Beispiel Malfadine, für dieses Rezept verwenden. Das sind die hübschen Vierecke mit den Rüschchen an den Seiten.**

Chinakohl, Spitzkohl und Pak Choy

Chinakohl kam erst mit den chinesischen Auswanderern nach Amerika und dann nach Europa. Man bekommt ihn das ganze Jahr über. Dass er auch Frost verträgt, macht ihn zu einem beliebten Wintergemüse. Chinakohl eignet sich für alle Zubereitungsarten: Sie können ihn dämpfen, braten oder im Salat roh essen. Gut verträgt er sich mit Pilzen oder Fisch.

Sein Vorteil gegenüber anderen Kohlsorten: Er verbreitet kaum die typischen Gerüche. Sein Nachteil: Er ist wesentlich kürzer haltbar als die festeren Kohlsorten.

Pak Choy, auch Paksoi oder Pak Choi, heißt bei uns auch Senfkohl oder Blätterkohl. Er ist ganz eng verwandt mit dem Chinakohl, schmeckt aber viel zarter und nur ganz mild nach Kohl. Er ähnelt optisch dem heimischen Mangold und kann wie dieser auch einfach gedämpft mit etwas Olivenöl zubereitet werden.

Auch Spitzkohl hat eher kürzere Garzeiten als Weißkohl oder Wirsing, die wir später noch vorstellen werden. Er ist zudem viel zarter als diese – jedoch sollten Sie die Mittelrippen der Blätter entfernen oder kleiner schneiden als die Blätter, da sie länger brauchen, um gar zu werden. Spitzkohl verträgt sich gut mit anderen Wintergemüsen, fügt sich aber auch bestens in asiatisches Flair ein.

Spitzkohleintopf mit Kürbis und Chorizo

Thermomix® + Varoma + Pfanne

Für 4 Portionen • Pro Portion: 371 kcal, 15 g E, 29 g F, 13 g KH

1 Zwiebel
1 Knoblauchzehe
2 EL Olivenöl
700 g Spitzkohl
250 g Hokkaido-Kürbis
600 ml Gemüse- oder Fleischbrühe
1 Döschen Safran
200 g Chorizo
Salz, Pfeffer
75 g Frischkäse

1. Zwiebel abziehen und vierteln. Knoblauchzehe schälen. Beides in den Mixtopf geben, Messbecher aufsetzen und 5 Sekunden/Stufe 5 zerkleinern. Mit dem Spatel nach unten schieben, mit 1 EL Öl 3,5 Minuten/120 °C/Stufe 1 andünsten.
2. Spitzkohl halbieren und Strunk keilförmig herausschneiden. Waschen, grob in Streifen schneiden, zerpflücken und in den Varoma legen.
3. Die Kürbisschale mit heißem Wasser abreiben, denn sie wird mit verwendet. Kürbis entkernen, grob zerteilen, in den Mixtopf geben und 3 Sekunden/Stufe 6 zerkleinern. Brühe und Safran dazugeben, Varoma mit dem Spitzkohl aufsetzen und 20 Minuten/Varoma/Stufe 2,5 kochen.
4. In der Zwischenzeit die Chorizo in Scheiben schneiden und in einer Pfanne mit dem restlichen Olivenöl knusprig anbraten. Auf Küchenpapier abtropfen lassen.
5. Den Spitzkohl in die Brühe geben und unterheben. Eintopf mit Salz und Pfeffer abschmecken und den Frischkäse 10 Sekunden/Stufe 3 linksdrehend einrühren.
6. In eine große Schüssel geben oder auf Teller verteilen und mit den Chorizoscheiben belegt servieren.

Chinakohleintopf mit Shiitakepilzen

Thermomix® + Varoma

Für 4 Portionen • Pro Portion: 118 kcal, 3 g E, 7 g F, 13 g KH

400 g Chinakohl
200 g Möhren
4 Lauchzwiebeln
1 Knoblauchzehe
1 Stück Ingwer (walnussgroß)
1 EL Sesamöl
200 g Shiitakepilze
500 ml Misobrühe
2–3 EL Sojasauce

1. Chinakohl putzen, waschen, in Blätter teilen, grob hacken und in den Varoma legen. Die Möhren schälen, putzen, waschen und grob in Stücke schneiden. Die Lauchzwiebeln putzen, waschen und vierteln. Knoblauchzehe und Ingwer schälen. Ingwer vierteln.
2. Die Möhren in den Mixtopf geben, Messbecher aufsetzen und 5 Sekunden/Stufe 5 zerkleinern. In eine Schüssel umfüllen und beiseitestellen.
3. Lauchzwiebeln, Knoblauch und Ingwer in den Mixtopf geben, Messbecher aufsetzen und 5 Sekunden/Stufe 5 zerkleinern. Mit dem Spatel nach unten schieben und den Vorgang wiederholen, damit die Zutaten wirklich sehr klein sind. Das Öl dazugeben und 3 Minuten/120 °C/Stufe 1 andünsten.
4. In der Zwischenzeit die Pilze behutsam mit Küchenpapier säubern, die Stiele herausknipsen, größere Köpfchen auseinanderbrechen und Pilze auf den Chinakohl in den Varoma geben.
5. Misobrühe und Möhren in den Mixtopf geben, Varoma aufsetzen und 15 Minuten/Varoma/Stufe 0,5 garen.

6. Chinakohl und Shiitakepilze aus dem Varoma in den Mixtopf geben und 2 Minuten/Stufe 1 linksdrehend untermischen. Eintopf mit Sojasauce abschmecken und auf 4 Teller verteilen.

TIPP: **Dazu passt auch gut Naturtofu oder geräucherter Tofu. Einfach in Würfel schneiden, im Garkörbchen über der Suppe erhitzen und über die fertig angerichtete Suppe streuen.**

Chinakohl-Nudel-Eintopf

Thermomix®

Für 2 Portionen • Pro Portion: 211 kcal, 6 g E, 6 g F, 29 g KH

250 g Chinakohl oder Spitzkohl
150 g Möhren
3 Lauchzwiebeln
500 ml Misobrühe
60 g Mie-Nudeln (asiatische Instantnudeln aus dem Supermarkt)
Salz, Pfeffer
helle Sojasauce nach Belieben

1. Ein entsprechend großes Stück vom Kohl abschneiden, den harten Strunk und die äußeren Blätter entfernen. Kohl waschen und grob in Stücke schneiden. Die Möhren schälen, putzen, waschen und in Streifen schneiden. Die Lauchzwiebeln putzen, waschen und längs in Streifen schneiden.
2. Möhren und Zwiebeln in den Mixtopf geben und die Brühe angießen. (Wenn Sie das Gemüse nicht von Hand in Streifen schneiden wollen: vorher 5 Sekunden/ Stufe 5 zerkleinern.)
3. Das Garkörbchen einhängen und den Kohl hineingeben. 10 Minuten/100 °C/ Stufe 0,5 linksdrehend garen. Das Garkörbchen entfernen und die Nudeln mit dem Spatel in die Brühe drücken. Garkörbchen wieder einsetzen und das Ganze noch 4 Minuten/100 °C/ Stufe 0,5 linksdrehend fertig garen.
4. Den Eintopf mit Salz, Pfeffer und nach Belieben Sojasauce abschmecken, den Kohl in tiefen Tellern anrichten und den Eintopf darübergeben.

TIPP: **Wer es gerne schärfer mag, kann ein walnussgroßes Stück Ingwer – geschält und in feine Streifen geschnitten – mit den Möhren und Lauchzwiebeln mitgaren.**

Chinakohlsuppe mit Garnelen

Thermomix® + Varoma

Für 4 Portionen • Pro Portion: 127 kcal, 11 g E, 5 g F, 9 g KH

400 g Chinakohl
1 Stück Ingwer (walnussgroß)
2 Lauchzwiebeln
1 rote Chilischote
1 l Gemüse- oder Hühnerbrühe
200 g geschälte, gekochte Pazifikgarnelen (aus dem Kühlregal)
4 Stängel Koriander oder glatte Petersilie
5 EL Sojasauce
3 EL heller Essig (am besten Reisessig)
1 EL Guarkernmehl (ersatzweise 2 EL Speisestärke)

1. Chinakohl putzen, längs halbieren, den Strunk entfernen, die Blätter waschen, grob hacken und in den Varoma geben.
2. Ingwer schälen und halbieren. Die Lauchzwiebeln putzen, waschen und vierteln. Die Chilischote putzen, längs halbieren, die Kerne entfernen und Schote waschen.
3. Ingwer, Lauchzwiebeln und Chilischote in den Mixtopf geben, Messbecher aufsetzen und 5 Sekunden/Stufe 5 zerkleinern. Mit dem Spatel nach unten schieben und den Vorgang wiederholen.
4. Die Brühe dazugeben, den Varoma mit dem Chinakohl aufsetzen und das Ganze 15 Minuten/Varoma/Stufe 1 garen.
5. Die Garnelen in ein Sieb geben, kalt abbrausen und abtropfen lassen. Koriander waschen, trockenschütteln, die Blätter von den Stängeln zupfen und hacken. Den Varoma abnehmen und beiseitestellen.
6. Sojasauce, Essig und Guarkernmehl in einer kleinen Schüssel gut verrühren und sofort mit dem Spatel in die heiße Suppe einrühren. Den Chinakohl und die Garnelen unterheben und 3 Minuten/100 °C/Stufe 2 linksdrehend verrühren.
7. Suppe auf 4 Teller verteilen und mit dem gehackten Koriander bestreut servieren.

Kürbissuppe mit Pak Choy

Thermomix® + Varoma + Pfanne

Für 4 Portionen • Pro Portion: 210 kcal, 7 g E, 14 g F, 17 g KH

1 Zwiebel
1 Knoblauchzehe
100 g Möhren
100 g Kartoffeln
1 kleiner Hokkaido-Kürbis oder 500 g von einem größeren Exemplar
2 Pak Choy
1 EL Rapsöl
800 ml Gemüsebrühe
je ½ TL gemahlener Kreuzkümmel und Koriander
4 EL Kürbiskerne
Salz, Pfeffer
etwas Zitronensaft nach Belieben
4 TL Lein- oder Kürbiskernöl

1. Zwiebel abziehen und vierteln. Knoblauchzehe schälen. Die Möhren und Kartoffeln schälen, putzen, waschen und grob in Stücke schneiden. Den Kürbis heiß waschen (die Schale wird mit verwendet), die Kerne entfernen und das Fruchtfleisch grob würfeln.
2. Den Pak Choy in Blätter teilen und waschen. Die Stiele quer in Streifen schneiden. Blätter und Stiele auf den Einlegeboden des Varoma legen.
3. Zwiebel, Knoblauch und Rapsöl in den Mixtopf geben, mit dem Messbecher verschließen und 3 Sekunden/Stufe 5 zerkleinern. Mit dem Spatel nach unten schieben. 3 Minuten/120 °C/Stufe 1 andünsten.
4. Die Möhren- und Kartoffelstücke dazugeben und 5 Sekunden/Stufe 5 zerkleinern. Danach den Kürbis dazugeben und alles zusammen 4 Sekunden/Stufe 5 zerkleinern.

5. Brühe, Kreuzkümmel und Koriander dazugeben, den Varoma aufsetzen und alles 15 Minuten/Varoma/Stufe 1 garen.
6. In der Zwischenzeit die Kürbiskerne in einer beschichteten Pfanne ohne Fett rösten und beiseitestellen.
7. Den Varoma abnehmen und die Suppe 30 Sekunden/Stufe 4–7 ansteigend pürieren.
8. Mit Salz, Pfeffer und nach Belieben mit Zitronensaft abschmecken.
9. Suppe in 4 tiefe Teller geben und den Pak Choy darauf verteilen. Mit dem Leinöl beträufeln und mit den Kürbiskernen bestreut servieren.

Pak-Choy-Suppe mit Blauschimmelkäse

Thermomix®

Für 2 Portionen • Pro Portion: 227 kcal, 8 g E, 20 g F, 5 g KH

1 Zwiebel
1 Knoblauchzehe
1 EL Rapsöl
200 g Pak Choy
2 Stängel Thymian
500 ml Gemüsebrühe
50 g Blauschimmelkäse (z. B. Roquefort oder Stilton)
Salz, Pfeffer

1. Die Zwiebel abziehen und vierteln. Die Knoblauchzehe schälen. Beides mit dem Öl in den Mixtopf geben, Messbecher aufsetzen und 5 Sekunden/Stufe 5 zerkleinern. Mit dem Spatel nach unten schieben und 3 Minuten/120 °C/Stufe 1 andünsten.
2. Die Blätter des Pak Choy vom Strunk abnehmen. Gründlich waschen, denn zwischen Strunk und Blattansatz versteckt sich gerne etwas Erde. Den Strunk schälen und klein schneiden. Strünke von größeren Exemplaren sind oft sehr holzig, die sollten Sie wegwerfen. Blätter grob in Streifen schneiden. Thymian waschen, trockenschütteln und die Blättchen gegen die Wuchsrichtung abstreifen.
3. Pak Choy, Thymian und Gemüsebrühe in den Mixtopf geben und 12–15 Minuten/100 °C/Stufe 1 kochen. Anschließend alles 30 Sekunden/Stufe 4–7 nicht zu fein pürieren.
4. Den Käse würfeln, in die Suppe geben und 1 Minute/100 °C/Stufe 3 unterrühren.
5. Die Suppe mit Salz und Pfeffer abschmecken und auf 2 Teller verteilen.

TIPP: **Gut schmecken in der Suppe 80 g gekochte und geschälte Pazifik-Garnelen. Einfach in der fertigen Suppe 1 Minute/100 °C/Stufe 0,5 linksdrehend erwärmen.**

Spitzkohleintopf mit Roter Bete und Sucuk

Thermomix® + Varoma

Für 4 Portionen • Pro Portion: 283 kcal, 13 g E, 19 g F, 13 g KH

600 g Spitzkohl
2 Lorbeerblätter
1 Zwiebel
2 Knoblauchzehen
1 EL Rapsöl
200 g frische Rote Bete
1 TL Kümmel
750 ml Gemüse- oder Fleischbrühe
4 Stängel glatte Petersilie
200 g Sucuk (ersatzweise Mettwurst oder Schinkenwurst)
Salz, Pfeffer
Apfelessig

1. Den Spitzkohl in Blätter teilen, waschen und die harten Mittelrippen herausschneiden. Blätter grob zerkleinern, in den Mixtopf geben und mithilfe des Spatels 5 Sekunden/Stufe 4 zerkleinern. In den Varoma legen und die Lorbeerblätter hineinstecken.
2. Die Zwiebel abziehen und vierteln. Die Knoblauchzehe schälen. Beides mit dem Öl in den Mixtopf geben, Messbecher aufsetzen, 5 Sekunden/Stufe 5 zerkleinern, mit dem Spatel nach unten schieben und 3 Minuten/120° /Stufe 1 andünsten.
3. Die Roten Beten schälen (am besten mit Einmalhandschuhen arbeiten, denn sie färben stark ab), vierteln und im Mixtopf 5 Sekunden/Stufe 5 zerkleinern. Kümmel und Brühe dazugeben, den Varoma mit dem Spitzkohl aufsetzen und 15 Minuten/Varoma/Stufe 1 garen.
4. In der Zwischenzeit die Petersilie waschen, trockenschütteln und die Blätter von den Stängeln zupfen und hacken. Die Würste pellen, in dünne Scheiben schneiden und auf den Einlegeboden des Varoma geben.

5. Den Varomadeckel abnehmen (Vorsicht! Der Dampf ist sehr heiß!), den Einlegeboden aufsetzen und alles zusammen weitere 5 Minuten/Varoma/Stufe 1 garen.
6. Kohl und Wurstscheiben aus dem Varoma in den Mixtopf geben (ohne die Lorbeerblätter), mit dem Spatel unterheben und 10 Sekunden/Stufe 3 linksdrehend vermischen.
7. Eintopf mit Salz, Pfeffer und Apfelessig abschmecken, auf 4 Teller verteilen und mit Petersilie bestreut servieren.

INFO: **Sucuk ist eine scharf gewürzte türkische Wurst aus Rind-, Lamm- oder (seltener) Kalbfleisch. Sie bekommen sie nicht nur in türkischen Lebensmittelgeschäften. Es gibt diese 10 cm langen Wurstpaare mittlerweile auch in großen Supermärkten im Kühlregal.**

Spitzkohleintopf mit Reis und Zitronengras

Thermomix® + Varoma

Für 4 Portionen • Pro Portion: 214 kcal, 8 g E, 8 g F, 27 g KH

500 g Spitzkohl
1 Stängel Zitronengras
2 Schalotten
1 l Gemüsebrühe
100 g Reis
4 Stängel glatte Petersilie
1 Zitrone
2 Eidotter, Größe M
Salz, Pfeffer

1. Den Spitzkohl in Blätter teilen, waschen und die harten Mittelrippen herausschneiden. Blätter grob zerkleinern, auseinanderpflücken und in den Varoma legen. Das Zitronengras abziehen, sodass nur das weiße, weiche Innere übrig bleibt. In Stücke schneiden. Die Schalotten abziehen und halbieren.
2. Zitronengras und Schalotten in den Mixtopf geben, Messbecher aufsetzen und 5 Sekunden/Stufe 5 zerkleinern. Mit dem Spatel nach unten schieben und Brühe und Reis dazugeben.
3. Den Varoma mit dem Spitzkohl aufsetzen und das Ganze 15 Minuten/Varoma/Stufe 1,5 kochen, bis der Reis weich ist.
4. Die Petersilie waschen, trockenschütteln und die Blätter von den Stielen zupfen. Die Zitrone auspressen und in einer Schüssel mit den Eidottern verrühren.
5. Den Varoma abnehmen und beiseitestellen. 1 Kelle der heißen Brühe nach und nach in die Eiermischung rühren, diese dann in den Mixtopf geben und 4 Sekunden/Stufe 3 einrühren. (Wenn Sie die Eimasse direkt in die heiße Brühe gäben, würde sie stocken.) Eintopf mit Salz und Pfeffer abschmecken.
6. Den Spitzkohl auf 4 Teller verteilen, mit dem Eintopf begießen und mit den Petersilienblättern bestreut servieren.

Pak-Choy-Eintopf mit Mandelmilch und Quinoa

Thermomix® + Varoma + Pfanne

Für 2 Portionen • Pro Portion: 441 kcal, 13 g E, 21 g F, 51 g KH

2 Schalotten
10 g Kokosöl
100 g rote Quinoa
200 g Pak Choy
500 ml Mandelmilch
je ½ TL gemahlener Kurkuma und Kreuzkümmel
25 g Mandelblättchen
Salz, Pfeffer
Reisessig nach Belieben

1. Die Schalotten abziehen und halbieren. In den Mixtopf geben, Messbecher aufsetzen und 3 Sekunden/Stufe 5 zerkleinern. Mit dem Spatel nach unten schieben und den Vorgang wiederholen. Das Kokosöl dazugeben und 3 Minuten/120 °C/Stufe 1 andünsten.
2. Quinoa in ein Sieb geben, lauwarm abbrausen und abtropfen lassen.
3. Die Blätter des Pak Choy vom Strunk abnehmen. Gründlich waschen, denn zwischen Strunk und Blattansatz versteckt sich gerne etwas Erde. Blätter mit dem Strunk in Streifen schneiden und in den Varoma legen.
4. Mandelmilch, Gewürze und Quinoa in den Mixtopf geben, den Varoma aufsetzen und das Ganze 16 Minuten/100 °C/Stufe 1 linksdrehend garen.
5. In der Zwischenzeit die Mandelblättchen in einer beschichteten Pfanne ohne Fett goldgelb rösten.
6. Den Varoma abnehmen und beiseitestellen. Den Eintopf mit Salz, Pfeffer und Reisessig pikant-säuerlich abschmecken.
7. Den Pak Choy auf 2 Teller verteilen, mit dem Mandel-Quinoa-Eintopf begießen und mit den Mandelblättchen bestreut servieren.

Grünkohl

Grünkohl ist DER Winterkohl schlechthin. Es gibt ihn weltweit in vielerlei Sorten wie zum Beispiel die Ostfriesische Palme, die bis zu 1,80 Meter hoch wird, der Niedrige Krauser mit Blättern, die eher an Moos erinnern, oder Scarlet mit roten Blättern, die erst beim Kochen grün werden. Die handelsübliche Sorte ist der Halbhohe Grüne Krauser.

Als »kale« hat der Grünkohl in den letzten Jahren in Amerika Furore gemacht. Celebritys und Gesundheitsbewusste schwören auf Smoothies und Salat aus rohem Grünkohl. Und da ist tatsächlich etwas dran: Sein Nährstoffgehalt an antioxidativen Vitaminen, Mineral- und Ballaststoffen, Aminosäuren und Sekundären Pflanzenstoffen ist einmalig. Er gilt als entzündungshemmend und soll auch helfen, den Cholesterinspiegel zu stabilisieren.

Verpönt ist er oft wegen seines strengen Geruchs und seiner fetten Begleiter wie Pinkel, Mettwurst, Speck und Schweineschmalz (wobei er dabei auch oft bis zum totalen Vitaminverlust zerkocht wurde). Wir haben ihn auch weniger deftig in südländischen Regionen gefunden und für den Thermomix® kochbar gemacht.

Gnocchi mit Grünkohl und Kürbis

Thermomix®

Für 2 Portionen • Pro Portion: 436 kcal, 13 g E, 17 g F, 56 g KH

1 Schalotte
1 Knoblauchzehe
200 g Grünkohl
(ersatzweise Spinat oder Mangold)
2 EL Olivenöl
200 g Hokkaido-Kürbis
200 g Gnocchi (aus dem Kühlregal)
50 ml Gemüsebrühe
Salz, Pfeffer
2 EL geriebener Parmesan nach Belieben

1. Schalotte abziehen und halbieren. Die Knoblauchzehe schälen. Den Grünkohl in Blätter teilen und unter fließendem Wasser gründlich waschen, um Sand und Erde aus den krausen Blättern zu entfernen. Blätter grob in Stücke schneiden.
2. Schalotte und Knoblauch in den Mixtopf geben, den Messbecher aufsetzen und 4 Sekunden/Stufe 5 zerkleinern. Den Grünkohl dazugeben und mithilfe des Spatels 4 Sekunden/Stufe 4 zerkleinern. Mit dem Spatel nach unten schieben, mit dem Öl begießen und 4 Minuten/100 °C/Stufe 1 andünsten.
3. In der Zwischenzeit die Kürbisschale gut abwaschen (sie wird mit verwendet) und die Kerne entfernen. Fruchtfleisch in Würfel schneiden und in das Garkörbchen geben. Die Gnocchi ebenfalls in das Garkörbchen geben.
4. Gemüsebrühe zum Grünkohl geben, das Garkörbchen einhängen und zugedeckt 12 Minuten/100 °C/Stufe 1 linksdrehend garen.
5. Gnocchi und Kürbiswürfel zum Grünkohl geben, alles mit Salz und Pfeffer würzen und 15 Sekunden/Stufe 1 linksdrehend gut vermischen. Auf 2 Tellern anrichten und nach Belieben mit Parmesan bestreut servieren.

Potaje – spanischer Grünkohleintopf mit Kichererbsen

Thermomix®

Für 2 Portionen • Pro Portion: 543 kcal, 21 g E, 29 g F, 47 g KH

400 g frischer Grünkohl
(ersatzweise 350 g TK-Grünkohl)
200 g mehligkochende Kartoffeln
1 Zwiebel
1–2 Knoblauchzehen
2 EL Olivenöl
1 l Gemüsebrühe
1 TL Kümmel
Lorbeerblatt
1 Dose Kichererbsen (265 g Abtropfgewicht)
Salz, Pfeffer

1. Den Grünkohl in Blätter teilen und gründlich unter fließendem Wasser waschen, in den krausen Blättern verstecken sich gerne Sand oder Erde. Grob zerschneiden oder zerpflücken. (TK-Grünkohl auftauen lassen und gut ausdrücken.) Die Kartoffeln schälen, waschen und in mundgerechte Stücke schneiden. Die Zwiebel abziehen und vierteln. Den Knoblauch schälen.
2. Zwiebel, Knoblauch und Olivenöl in den Mixtopf geben, den Messbecher aufsetzen und 5 Sekunden/Stufe 5 zerkleinern. Mit dem Spatel nach unten schieben.
3. Den Grünkohl in den Mixtopf geben und mithilfe des Spatels 4 Sekunden/Stufe 4 zerkleinern. (TK-Grünkohl brauchen Sie nicht zerkleinern.) Brühe, Kartoffeln, Kümmel und Lorbeerblatt dazugeben und 20 Minuten/100 °C/Stufe 1 linksdrehend garen, bis das Gemüse weich ist.
4. Die Kichererbsen durch ein Sieb abgießen, kalt abbrausen und zum Eintopf geben. 5 Minuten/100 °C/Stufe 1 linksdrehend erwärmen.
5. Lorbeerblatt entfernen, Eintopf mit Salz und Pfeffer abschmecken und auf 2 Teller verteilen.

Blätterteigtarte mit Grünkohl

Thermomix® + Varoma + Backofen
Für 4 Portionen • Pro Portion: 572 kcal, 20 g E, 44 g F, 26 g KH

**400 g frischer Grünkohl
(ersatzweise 350 g TK-Grünkohl)
1 l Wasser
1 Rolle Blätterteig (aus dem Kühlregal)
etwas Mehl für die Arbeitsfläche
200 g Schmand
100 g Ziegenrolle
2 Eier, Größe M
1 TL Zucker
1 TL Kümmel
Salz, Pfeffer
50 g Schinkenwürfel
etwas Wasser zum Bestreichen**

1. Den Grünkohl in Blätter teilen, gründlich waschen, eventuell die harten Rippen herausschneiden und die Blätter grob hacken oder in Stücke zupfen. Wasser in den Mixtopf geben, Grünkohl in den Varoma legen und Varoma aufsetzen. 20 Minuten/Varoma/Rührstufe dämpfen. TK-Grünkohl auftauen lassen und gut ausdrücken.
2. In der Zwischenzeit den Blätterteig aus dem Kühlschrank nehmen, das Schutzpapier entfernen und eine Tarteform (ca. 26 cm Durchmesser) mit dem Teig auskleiden. Überstehenden Teig an den Rändern abschneiden. Aus dem übrigen Teig auf einer bemehlten Arbeitsfläche 1 cm breite Streifen schneiden. Den Backofen auf 200 °C (Umluft 180 °C) vorheizen.
3. Varoma abnehmen und beiseitestellen. Das Wasser ausschütten. Schmand, Ziegenrolle, Eier, Zucker, Kümmel, Salz und Pfeffer in den Mixtopf geben und 7 Sekunden/Stufe 5 verrühren. (Messbecher aufsetzen, es spritzt!)
4. Die Hälfte dieser Mischung auf dem Teig verstreichen, den Grünkohl und dann die zweite Hälfte daraufgeben. Mit den Schinkenwürfeln bestreuen.

5. Die vorbereiteten Teigstreifen gitterförmig über die Tarte legen und mit Wasser bestreichen. Tarte im vorgeheizten Backofen 35–40 Minuten backen, bis der Teig goldgelb ist. Gleich in der Form servieren.

TIPP: **Ein schöneres Goldgelb erzielen Sie, wenn Sie die Teigstreifen mit Eidotter (mit etwas Wasser verdünnt) bestreichen.**

Grünkohleintopf mit Merguez

Thermomix® + Varoma

Für 2 Portionen • Pro Portion: 468 kcal, 25 g E, 30 g F, 24 g KH

200 g frischer Grünkohl
(ersatzweise 180 g TK-Grünkohl)
200 g Kartoffeln
200 g Knollensellerie
1 Zwiebel
1 EL Olivenöl
600 ml Gemüsebrühe
5 Salbeiblätter
2 Merguez à 50 g oder kleine Bratwürstchen
30 g Parmesan
etwas Zitronensaft
Salz, Pfeffer
50 ml Sahne zum Kochen

1. Grünkohlblätter sorgfältig waschen, die harte Mittelrippe entfernen und das Grün in Stücke zupfen. (Tiefgekühlten Grünkohl etwas antauen lassen.) Die Kartoffeln schälen, waschen und vierteln. Knollensellerie putzen, waschen und grob zerteilen. Die Zwiebel abziehen und vierteln.
2. Zwiebel und Olivenöl in den Mixtopf geben, den Messbecher aufsetzen und 5 Sekunden/Stufe 5 zerkleinern. Mit dem Spatel nach unten schieben und 3 Minuten/120 °C/Stufe 0,5 andünsten. Kartoffeln und Sellerie dazugeben und 8 Sekunden/Stufe 5 zerkleinern.
3. Die Gemüsebrühe eingießen und die Salbeiblätter dazugeben. Die Merguez in den Varoma legen. Den Grünkohl auf dem Einlegeboden verteilen. (Wenn Sie TK-Grünkohl verwenden: In eine kleine hitzebeständige Schüssel neben die Würstchen in den Varoma stellen.)
4. Den Varoma aufsetzen und das Ganze 20 Minuten/Varoma/Stufe 1 garen. In der Zwischenzeit den Parmesan in schmale Scheiben hobeln.

5. Den Varoma abnehmen und beiseitestellen. Den Eintopf 25 Sekunden/Stufe 5–7 ansteigend pürieren. Mit Zitronensaft, Salz und Pfeffer abschmecken und 5 Sekunden/Stufe 3 die Sahne einrühren.
6. Die Würstchen in schmale Scheiben schneiden. Den Grünkohl auf die Teller verteilen, mit der Suppe begießen und die Wurstscheiben und den Parmesan in die Mitte setzen.

INFO 1: **Merguez sind gewürzte Hackfleisch-Bratwürste, die ursprünglich aus Nordafrika kommen, nach Frankreich eingewandert und auch bei uns heimisch geworden sind. Es gibt sie aus Lamm- oder Rindfleisch oder aus einem Fleischgemisch. Meist werden sie gebraten gegessen, entwickeln ihr Aroma aber auch im Dampf des Thermomix®.**

INFO 2: **Wenn Sie Vegetarier sind und die Wurst weglassen, kommen Sie pro Portion auf nur 315 kcal.**

Toskanischer Grünkohleintopf Ribollita

Thermomix® + Toaster oder Pfanne

Für 4 Portionen • Pro Portion: 371 kcal, 18 g E, 16 g F, 37 g KH

80 g Parmesan
1 rote Zwiebel
2 Knoblauchzehen
150 g Möhren
100 g Staudensellerie
150 g Grünkohl (ersatzweise Wirsing oder Mangold)
100 g Kartoffeln
2 Tomaten
1 Dose Cannellini-Bohnen (250 g Abtropfgewicht)
1 Stängel Rosmarin
2 Stängel Thymian
2 EL Olivenöl
750 ml Gemüsebrühe oder Fond nach Belieben
2 Lorbeerblätter
Salz, Pfeffer
8 dünne Scheiben Ciabatta

1. Den Parmesan in 2 cm große Stücke schneiden, in den Mixtopf geben, den Messbecher aufsetzen und 10 Sekunden/Stufe 10 reiben. Umfüllen in eine Schüssel und beiseitestellen.
2. Die Zwiebel abziehen und vierteln. Die Knoblauchzehen schälen. Möhren schälen und putzen, Staudensellerie putzen. Beides waschen und grob würfeln.
3. Den Grünkohl gründlich waschen, die harten Mittelrippen entfernen und die Blätter in mundgerechte Stücke zupfen. Die Kartoffeln schälen, waschen und vierteln. Die Tomaten waschen, halbieren und die Stielansätze entfernen. Die Bohnen in ein Sieb geben, kalt abbrausen und abtropfen lassen. Rosmarin und Thymian waschen, trockenschütteln, Blätter von den Zweigen streifen und hacken.

4. Zwiebel und Knoblauchzehen mit dem Olivenöl in den Mixtopf geben, den Messbecher aufsetzen und 5 Sekunden/Stufe 5 zerkleinern. Mit dem Spatel nach unten schieben, Möhren und Sellerie dazugeben und alles zusammen 3 Minuten/120 °C/Stufe 1 andünsten. Die Kartoffeln dazugeben und 10 Sekunden/Stufe 5 zerkleinern.
5. Mit Brühe oder Fond aufgießen, frischen Grünkohl (der tiefgekühlte kommt später dazu), Rosmarin, Thymian und Lorbeerblätter dazugeben, das Garkörbchen als Spritzschutz aufsetzen und 20 Minuten/100 °C/Stufe 1 linksdrehend kochen lassen.
6. Bohnen und Tomaten dazugeben (tiefgekühlter Grünkohl kommt jetzt mit in den Topf) und weitere 7 Minuten/100 °C/Stufe 1 linksdrehend garen.
7. Lorbeerblätter entfernen und Eintopf mit Salz und Pfeffer abschmecken.
8. In der Zwischenzeit die Brotscheiben toasten oder in etwas Olivenöl in einer Pfanne anbraten.
9. Je 2 Brotscheiben in die Teller geben, den Eintopf darüberschöpfen und den Parmesan getrennt dazu reichen.

TIPP: **Toll schmeckt dazu Salsiccia, die italienische Bratwurst. Sie ist je nach regionaler Herkunft mit Fenchel, Paprika, manchmal auch Nelken gewürzt. Für die Suppe wird das Brät von 2 Würsten à etwa 100 g aus der Pelle gedrückt, in etwas Olivenöl in einer beschichteten Pfanne angebraten und vor dem Servieren obenauf gestreut oder getrennt dazu gereicht. Mit Wurst kommt der Eintopf dann auf 515 kcal/Portion.**

Grünkohlauflauf mit Béchamelsauce und Schinkenwurst

Thermomix® + Varoma + Backofen

Für 4 Portionen • Pro Portion: 507 kcal, 25 g E, 30 g F, 30 g KH

50 g alter Gouda
400 g frischer Grünkohl
(ersatzweise 350 g TK-Grünkohl)
400 g Süßkartoffeln
1 l Wasser
350 ml Milch
40 g Butter
40 g Weizenmehl
Salz, Pfeffer
80 g Schmelzkäse
200 g Schinkenkrakauer

1. Den Käse in den Mixtopf geben, Messbecher aufsetzen und 8 Sekunden/Stufe 8 reiben. In eine Schüssel umfüllen und beiseitestellen.
2. Den Grünkohl gründlich waschen, die harten Mittelrippen herausschneiden und die Blätter grob hacken oder zerpflücken. In den Varoma legen. Die Süßkartoffeln schälen, waschen, in mundgerechte Würfel schneiden und in das Garkörbchen legen. TK-Grünkohl auftauen lassen, gut ausdrücken, er braucht nicht gedämpft zu werden.
3. Wasser in den Mixtopf füllen, das Garkörbchen einhängen, den Varoma aufsetzen und das Ganze 15 Minuten/Varoma/Stufe 0,5 garen. Das Garkörbchen mit den Süßkartoffeln herausnehmen und beiseitestellen. Den Grünkohl weitere 5–10 Minuten/Varoma/Stufe 0,5 dämpfen. Varoma abnehmen und beiseitestellen.
4. Den Backofen auf 180 °C (Umluft 160 °C) vorheizen. Das Wasser aus dem Mixtopf ausleeren und Milch, Butter, Mehl, Salz, Pfeffer und Schmelzkäse einfüllen. Messbecher aufsetzen und 7 Minuten/95 °C/Stufe 5 zu einer Béchamelsauce verrühren.

5. In der Zwischenzeit den Grünkohl in eine Auflaufform (ca. 20 x 20 cm im Quadrat oder ca. 27 cm Durchmesser) geben, die Kartoffelwürfel darauf verteilen und die in Scheiben geschnittene Schinkenwurst daraufgeben.
6. Auflauf mit der Béchamelsauce begießen und mit dem geriebenen Käse bestreuen. 20 Minuten im vorgeheizten Backofen backen, bis der Käse Blasen wirft, aber noch hell ist. Gleich in der Form servieren.

TIPP: **Das Gericht schmeckt ebenso mit Wirsing. Wenn Sie es mit Weißkohl machen möchten: Geben Sie noch 1 EL Paprikapulver (rosenscharf oder edelsüß) zur Bèchamel – das bringt etwas Farbe ins Spiel.**

Portugiesischer Grünkohleintopf Caldo Verde

Thermomix®

Für 4 Portionen • Pro Portion: 151 kcal, 4 g E, 8 g F, 14 g KH

200 g frischer Grünkohl
(ersatzweise 180 g TK-Grünkohl)
1 Stange Lauch
200 g Kartoffeln
1 Zwiebel
2 Knoblauchzehen
1 EL Rapsöl
800 ml Gemüsebrühe
½ Granatapfel
Salz, Pfeffer
4 Stängel krause Petersilie oder Koriander nach Belieben

1. Den Grünkohl gründlich unter fließendem Wasser waschen. In den gekräuselten Blättern versteckt sich manchmal etwas Erde. Die Mittelrippen entfernen, die Blätter grob zerteilen, in den Mixtopf geben, den Messbecher aufsetzen und 6 Sekunden/Stufe 5 zerkleinern. In eine Schüssel umfüllen und beiseitestellen. (TK-Grünkohl auftauen lassen und gut ausdrücken. Er muss nicht zerkleinert werden.)
2. Den Lauch putzen, längs aufschlitzen und gründlich waschen, grob in Stücke schneiden. Die Kartoffeln schälen, waschen und grob zerkleinern. Zwiebel abziehen und halbieren. Knoblauchzehen schälen.
3. Zwiebel, Knoblauchzehen und Lauch mit dem Öl in den Mixtopf geben, Messbecher aufsetzen und 5 Sekunden/Stufe 5 zerkleinern. Mit dem Spatel nach unten schieben und 3 Minuten/100 °C/Stufe 1 andünsten.
4. Brühe und Kartoffeln dazugeben und 10 Minuten/100 °C/Stufe 1 kochen. Dann den Grünkohl mit dem Spatel einrühren und nochmals 10 Minuten/100 °C/Stufe 1 linksdrehend bissfest garen.

5. In der Zwischenzeit die Granatapfelkerne aus der Schale lösen. Das geht am einfachsten so: Den quer halbierten Granatapfel mit der Schnittfläche nach unten in die Hand nehmen und über eine Schüssel halten. Mit einem Kochlöffel erst mit der Breitseite, dann mit der schmalen Seite auf die Schale klopfen. Schon fallen die Kerne heraus!
6. Den Eintopf mit Salz und Pfeffer abschmecken, auf Teller verteilen, mit den Granatapfelkernen bestreuen und nach Belieben mit Petersilie oder Koriander dekoriert servieren.

INFO: **Der in Portugal weitverbreitete Eintopf wird gerne mit gebratener Linguiça- oder Chouriço-Wurst gegessen. Wenn Sie kein portugiesisches Geschäft in der Nähe haben, können Sie es über das Internet versuchen oder zur Not Mettwurst verwenden.**

Knollensellerie

Knollensellerie kennen wir auch unter der Bezeichnung Wurzelsellerie, Selleriewurzel oder Zeller (in Süddeutschland und Österreich). Aus dem »Bund Suppengemüse« ist er nicht wegzudenken. Sein intensiver Geschmack kommt aber als Hauptakteur in Speisen viel besser zur Geltung.

Die faustgroße Knolle gilt seit Homer als Aphrodisiakum. In der *Odyssee* hat er den Sellerie als Lieblingsgemüse der Zauberin Kalypso besungen. Anregend ist er, wohl aber eher für den Stoffwechsel. Es gibt ihn das ganze Jahr über – im Frühjahr den jungen »Suppensellerie«, etwa fünf Zentimeter groß und mit viel würzigem Grün. Haupternte ist im Oktober, dann enthalten die Knollen die größten Mengen ihrer Mineralstoffe, ätherischen Öle, Kalzium und Eisen.

Neuere Züchtungen sind schneeweiß, was hübsch aussehen mag. Der typische Geschmack sitzt jedoch in den eingelagerten gelblichen Flecken.

Im Gemüsefach des Kühlschranks hält sich Sellerie bis zu zwei Wochen lang frisch. Sie sollten die Knolle aber nicht mit Klarsichtfolie abdecken – sie braucht ein wenig Luftfeuchtigkeit. Wenn die Schnittstellen gelb verfärbt sind: einfach dünn abschneiden.

Der schlanke, grüne Bruder, der Stauden-, Stangen- oder Bleichsellerie gehört nicht zu den Wintergemüsen. Die Knolle ist winzig, dafür wurden ihm – ähnlich wie bei Spargel – durch Lichtentzug lange, helle Blätter gezüchtet. Lecker und gesund ist er aber auch.

Selleriesuppe mit Kokos und Speck

Thermomix® + Pfanne

Für 4 Portionen • Pro Portion: 312 kcal, 9 g E, 26 g F, 10 g KH

1 Zwiebel
300 g Knollensellerie
10 g Kokosöl
600 ml Wasser
100 g Frühstücksspeck oder magerer Pancetta
1 TL Olivenöl
4 Stängel Thymian
500 ml fettarme Milch
Salz, Pfeffer
100 ml Kokos-Cuisine
2 EL Kokosraspel nach Belieben

1. Die Zwiebel abziehen und vierteln. Knollensellerie putzen, schälen, waschen und grob in Stücke schneiden.
2. Zwiebel in den Mixtopf geben, den Messbecher aufsetzen und 3 Sekunden/Stufe 5 zerkleinern. Das Kokosöl dazugeben und 3 Minuten/120 °C/Stufe 1 andünsten.
3. Sellerie dazugeben und 5 Sekunden/Stufe 5 zerkleinern (Messbecher!). Das Wasser dazugießen und Gemüse in 12 Minuten/100 °C/Stufe 1 weich kochen.
4. In der Zwischenzeit den Speck in Rechtecke schneiden und in einer beschichteten, mit dem Öl bepinselten Pfanne kross braten. Den Thymian waschen, trockenschütteln und die Blättchen von den Stielen zupfen.
5. Milch in den Mixtopf geben und zugedeckt 45 Sekunden/Stufe 6 fein pürieren. Anschließend 2 Minuten/100 °C/Stufe 1 nochmals erhitzen.
6. Suppe mit Salz und Pfeffer abschmecken und mit Kokos-Cuisine verfeinern.
7. Auf 4 Tellern anrichten, den Speck obenauf geben und mit den Thymianblättchen – und nach Belieben Kokosraspeln – bestreut servieren.

Sellerie-Möhren-Eintopf mit Nüssen

Thermomix® + Pfanne

Für 4 Portionen • Pro Portion: 247 kcal, 6 g E, 19 g F, 12 g KH

50 g Walnusskerne
300 g Knollensellerie
200 g Möhren
1 rote Spitzpaprikaschote
800 ml Gemüsebrühe
200 ml Sojasahne
Salz, Pfeffer
geriebene Muskatnuss
½ Bio-Zitrone

1. Die Walnusskerne in den Mixtopf geben, Messbecher aufsetzen und 3 Sekunden/Stufe 4 zerkleinern. In eine beschichtete Pfanne geben und ohne Fett rösten, bis sie duften. Beiseitestellen.
2. Sellerie und Möhren schälen, putzen, waschen und grob in Stücke schneiden. Die Paprikaschote waschen, putzen, die Kerne entfernen und Schote vierteln. Gemüse nacheinander im Mixtopf (Messbecher!) jeweils 5 Sekunden/Stufe 5 zerkleinern und beiseitestellen.
3. Alles Gemüse mit der Gemüsebrühe wieder in den Mixtopf geben und 12 Minuten/100 °C/Stufe 1,5 weich kochen.
4. Die Sahne zum Gemüse geben. Mit Salz, Pfeffer und Muskatnuss kräftig würzen. Die Zitrone waschen und von der Hälfte die Schale zum Gemüse raspeln. Alles zusammen 5 Sekunden/Stufe 6 grob pürieren (Messbecher!). Nach Belieben noch mit etwas Zitronensaft würzen.
5. Eintopf auf 4 Teller verteilen und mit den Nüssen bestreut servieren.

VARIANTE: **Auch Pastinaken oder Petersilienwurzeln eignen sich gut für einen solchen Eintopf. Sie können sie auch mit Rosenkohl oder Brokkoli kombinieren. Die rote Paprikaschote sollte aber immer dabei sein, denn das macht den Eintopf schön bunt.**

Selleriesuppe mit Nordseekrabben und Dill

Thermomix®

Für 4 Portionen • Pro Portion: 165 kcal, 10 g E, 9 g F, 10 g KH

400 g Knollensellerie
150 g mehligkochende Kartoffeln
1 Zwiebel
1 EL Rapsöl
400 ml Milch oder Mandelmilch
600 ml Wasser
4 Stängel Dill
150 g Nordseekrabben (aus dem Kühlregal)
Salz, Pfeffer
2 EL Zitronensaft
50 g Crème fraîche

1. Knollensellerie schälen, putzen, waschen und grob in Stücke schneiden. Die Kartoffeln schälen, waschen und vierteln. Die Zwiebel abziehen und vierteln.
2. Zwiebel und Öl in den Mixtopf geben, Messbecher aufsetzen und 5 Sekunden/Stufe 5 zerkleinern. Mit dem Spatel nach unten schieben und 3 Minuten/120 °C/Stufe 1 andünsten.
3. Gemüse, Milch und Wasser dazugeben und 12 Minuten/100 °C/Stufe 2 kochen.
4. In der Zwischenzeit den Dill waschen, trockenschütteln, die Blättchen von den Stielen zupfen und fein hacken.
5. Die Krabben in ein Sieb geben, kalt abbrausen und gut abtropfen lassen. In einer kleinen Schüssel die Krabben mit Salz, Pfeffer und 1 EL Zitronensaft würzen und mit Dill und Crème fraîche verrühren.
6. Das Gemüse 30 Sekunden/Stufe 5–7 ansteigend fein pürieren und mit Salz, Pfeffer und dem restlichen Zitronensaft abschmecken.
7. Die Suppe auf 4 Teller verteilen und das Krabben-Dill-Gemisch obenauf setzen.

VARIANTE: **Statt der Krabben können Sie auch 100 g geräuchertes Forellenfilet, das Sie mit einer Gabel zerpflückt haben, mit Dill und Crème fraîche auf die Suppe geben.**

Linsendal mit Sellerie und Tomaten

Thermomix®

Für 4 Portionen • Pro Portion: 298 kcal, 16 g E, 11 g F, 31 g KH

250 g Knollensellerie
1 Knoblauchzehe oder 1 Stück Ingwer (haselnussgroß), wenn Sie wollen, auch beides
20 g Kokosöl
je ½ TL gemahlener Kreuzkümmel, Koriander und Kurkuma
1 TL Fenchelsamen
1 l Gemüsebrühe
200 g rote oder gelbe Linsen
4 Stängel glatte Petersilie
200 g Tomaten
Salz, Pfeffer

1. Die Sellerieknolle schälen, putzen und in Stücke schneiden. Knoblauch oder Ingwer schälen.
2. Sellerie und Knoblauch (oder Ingwer) mit dem Kokosöl in den Mixtopf geben, den Messbecher aufsetzen und 7 Sekunden/Stufe 5 zerkleinern. Die Gewürze dazugeben und 3 Minuten/120 °C/Stufe 1 andünsten.
3. Brühe und Linsen dazugeben und zugedeckt 10 Minuten/100 °C/Stufe 1 kochen. Dann die Hitze reduzieren und 30 Minuten/85 °C/Stufe 1 weiterkochen, bis die Linsen fast zerfallen sind.
4. In der Zwischenzeit die Petersilie waschen, trockenschütteln, die Blätter von den Stielen zupfen und hacken. Die Tomaten waschen, vierteln, Kerne und Stielansätze entfernen und das Fruchtfleisch würfeln.
5. Dal mit Salz und Pfeffer abschmecken, Petersilie und Tomatenwürfel dazugeben und 2 Minuten/100 °C/Stufe 1 erwärmen.

INFO: Dal (auch Daal oder Dhal) bezeichnet ein indisch/pakistanisches Hülsenfruchtgericht, bei dem die Linsen, Bohnen oder Kichererbsen sehr weich, fast breiartig zerkocht werden.

Sellerie-Käse-Gratin mit Lachs

Thermomix® + Backofen

Für 2 Portionen • Pro Portion: 581 kcal, 41 g E, 43 g F, 8 g KH

½ Zitrone
200 g Lachsfilet ohne Haut
400 g Knollensellerie
200 ml Gemüsebrühe
100 ml Sahne zum Kochen
100 g mittelalter oder alter Gouda
Salz, Pfeffer
etwas Fett für die Formen
2 EL Pesto (aus dem Glas)

1. Die Zitrone auspressen. Das Lachsfilet waschen, mit Küchenpapier trockentupfen und mit 1 EL Zitronensaft beträufeln. Zugedeckt ziehen lassen. Den Backofen auf 180 °C (Umluft 160 °C) vorheizen.
2. Den Sellerie putzen, schälen, waschen und in grobe Stücke schneiden. In den Mixtopf geben und 5 Sekunden/Stufe 5 zerkleinern.
3. Die Gemüsebrühe und die Sahne dazugeben und Sellerie in 12 Minuten/100 °C/ Stufe 1 weich kochen.
4. Den Käse in 1 cm große Würfel schneiden. Mit dem restlichen Zitronensaft in den Mixtopf geben und alles 15 Sekunden/Stufe 6 pürieren. Mit Salz und Pfeffer abschmecken.
5. Die Selleriemasse auf 2 gefettete Gratinformen verteilen. Das Lachsfilet in Streifen schneiden und hineinlegen. Gratin im vorgeheizten Backofen 15 Minuten backen, bis sich die Masse an den Rändern goldbraun färbt.
6. Das Pesto darüberträufeln und Gratin gleich in der Form servieren.

INFO: Pesto – klassisch mit Basilikum, Pinienkernen und Pecorino – gibt es reichlich in Gläsern. Das Wort kommt aus dem Italienischen: »pestello« – der Stößel. Puristen bestehen darauf, dass Pesto nur dann richtig schmeckt, wenn man es von Hand im Mörser mühsam mit dem Stößel zubereitet. Wir aber sagen: Machen Sie mal Ihr eigenes Pesto – im Thermomix® geht das ganz einfach. Auf S. 74 und 75 finden Sie zwei Rezepte.

Minzepesto mit Cashewkernen

Für 1 kleines Glas (etwa 8 EL, 200 ml) • Pro EL: 126 kcal, 3 g E, 12 g F, 2 g KH

100 g frische Minze
1 Knoblauchzehe
30 g Cashewkerne
50 g Pecorino oder Parmesan
60–70 ml Olivenöl
Salz, Pfeffer

1. Minze waschen, trockenschütteln und die Blätter abzupfen. Die Knoblauchzehe abziehen und grob hacken.
2. Minze, Cashewkerne, Knoblauch und Käse in den Mixtopf geben, Messbecher aufsetzen und 10 Sekunden/Stufe 7 zerkleinern.
3. Das Öl 1 Minute/Stufe 4 nach und nach am Messbecher vorbei in den Mixtopf träufeln, bis eine cremige Paste entstanden ist.
4. Pesto in ein heiß ausgespültes Schraubglas füllen. Hält – dünn mit Olivenöl bedeckt – im Kühlschrank etwa 2–3 Wochen.

Spinatpesto mit Sonnenblumenkernen

Für 1 kleines Glas (etwa 8 EL, 200 ml) • Pro EL: 121 kcal, 4 g E, 11 g F, 1 g KH

100 g Babyspinat (oder Mix aus Babyspinat, Rucola und Rote-Bete-Blättern)
1 Knoblauchzehe
½ Zitrone
50 g Sonnenblumenkerne
50 g Parmesan
50 ml Olivenöl
Salz, Pfeffer

1. Den Spinat (oder den Salatmix) waschen und gut abtropfen lassen. Die Knoblauchzehe abziehen und klein hacken. Die Zitrone auspressen.
2. Die Blätter mit Knoblauch, Zitronensaft, Sonnenblumenkernen und Parmesan in den Mixtopf geben und 10 Sekunden/Stufe 7 zerkleinern.
3. Das Olivenöl 1 Minute/Stufe 4 nach und nach am Messbecher vorbei dazugießen. Wenn das Pesto dünner werden soll, nehmen Sie etwas mehr Olivenöl.
4. Mit Salz, Pfeffer und nach Geschmack noch mehr Zitronensaft abschmecken.
5. Zum Aufbewahren in ein heiß ausgespültes Schraubglas füllen. Hält sich mit einer dünnen Ölschicht bedeckt im Kühlschrank mindestens 2 Wochen.

Buchweizeneintopf mit Sellerie und Möhren

Thermomix®

Für 2 Portionen • Pro Portion: 346 kcal, 9 g E, 14 g F, 47 g KH

100 g Buchweizen
1 kleine Zwiebel
150 g Möhren
200 g Knollensellerie
1 kleiner Fenchel
1 EL Olivenöl
500 ml Gemüsebrühe
Salz, Pfeffer

1. Buchweizen in ein Sieb geben, heiß abbrausen und gut abtropfen lassen.
2. Zwiebel abziehen und vierteln. Möhren und Knollensellerie putzen, schälen, waschen und würfeln. Fenchel waschen, in Blätter teilen und in Streifen schneiden. Das Fenchelgrün abzupfen und beiseitelegen.
3. Zwiebel in den Mixtopf geben, Messbecher aufsetzen und 5 Sekunden/Stufe 5 zerkleinern. Olivenöl und Buchweizen dazugeben und 4 Minuten/100 °C/Stufe 1 andünsten.
4. Brühe und Gemüse dazugeben und 15 Minuten/100 °C/Stufe 1 kochen.
5. Eintopf mit Salz und Pfeffer abschmecken, auf 2 Teller verteilen und mit dem Fenchelgrün bestreut servieren.

Sellerie-Chinakohl-Eintopf

Thermomix® + Varoma

Für 4 Portionen • Pro Portion: 348 kcal, 19 g E, 26 g F, 9 g KH

600 g Chinakohl
400 g Knollensellerie
2 Zwiebeln
3 EL Rapsöl
300 g Hackfleisch (gemischt oder Rinderhackfleisch)
2 EL Tomatenmark
500 ml Gemüsebrühe
2 Fleischtomaten
2 EL Schnittlauch in Röllchen
Salz, Pfeffer

1. Den Chinakohl putzen, waschen, halbieren und den Strunk herausschneiden, die Blätter grob hacken, mit den Fingern auseinanderzupfen und in den Varoma legen.
2. Den Knollensellerie schälen, putzen, waschen und grob in Stücke schneiden. In den Mixtopf geben, Messbecher aufsetzen und 5 Sekunden/Stufe 5 zerkleinern.
3. Die Zwiebeln abziehen und vierteln. In den Mixtopf geben, Messbecher aufsetzen und 6 Sekunden/Stufe 5 zerkleinern. Mit dem Spatel nach unten schieben, das Öl dazugeben und 3 Minuten/120 °C/Stufe 1 andünsten.
4. Das Hackfleisch und das Tomatenmark dazugeben, mit dem Spatel zerstoßen und 5 Minuten/100 °C/Stufe 1 linksdrehend andünsten.
5. Gemüsebrühe und Sellerie dazugeben, den Varoma aufsetzen und 16 Minuten/Varoma/Stufe 1 linksdrehend weich kochen
6. Die Tomaten waschen, Stielansätze herausschneiden und das Fruchtfleisch würfeln. Schnittlauch waschen, trockenschütteln und in Röllchen schneiden.
7. Den Varoma abnehmen, den Chinakohl und die Tomaten mit dem Spatel in den Eintopf rühren, mit Salz und Pfeffer abschmecken und das Ganze 3 Minuten/Stufe 2,5 linksdrehend vermischen.
8. Auf 4 Teller verteilen und mit Schnittlauchröllchen bestreut servieren.

Kohlrabi und Kohlrübe

Kohlrabi ist ein typisch deutsches Gemüse. Andere Länder kennen die Knolle, die es von Blassgrün bis Violett gibt, kaum. Er schmeckt leicht süßlich-nussig, wird gerne auch als Rohkost gegessen und verträgt sich prima mit allen anderen Wintergemüsen. Gerne kuschelt er sich in cremige Saucen und schmust dort mit Kräutern wie Petersilie oder Minze. Mit Kartoffeln macht er sich sehr gut in Gratins – was allen Low-Carblern hilft, Kohlenhydrate zu reduzieren.
Frisch ist Kohlrabi, wenn auch die Blätter knackig grün sind. Die kleineren davon können Sie – gehackt oder in Streifen geschnitten – unter das Gemüse mischen.

Die Kohlrübe, Bodenkohlrabi oder Steckrübe wird gerade wiederentdeckt. Als »Pommersche Ananas« kommt sie besonders im Norden Deutschlands immer häufiger auf die Speisekarten. Nach den Kriegs- und Hungerjahren wollte man nichts mehr wissen von den eigentlich so schmackhaften Knollen, die oft lebensrettend waren. Das helle Fruchtfleisch wird beim Kochen kräftig gelb und enthält viel Eiweiß, Kalzium und Provitamin A.
Auch Kohlrüben sind Allroundtalente unter den Wintergemüsen. Ob als Rohkost, Püree oder Suppe: Sie mögen es würzig, mediterran oder orientalisch.

Kohlrabi-Kartoffel-Gratin

Thermomix® + Varoma + Backofen

Für 2 Portionen • Pro Portion: 394 kcal, 16 g E, 17 g F, 44 g KH

300 g Kohlrabi
300 g Kartoffeln
1 l Wasser
etwas Fett für die Form
20 g Butter
20 g Weizenmehl
250 ml fettarme Milch
100 g Ziegenfrischkäse
1 TL getrockneter Thymian oder Majoran
Salz, Pfeffer
geriebene Muskatnuss

1. Kohlrabi putzen, schälen, waschen, halbieren und die Hälften in Scheiben schneiden. Kartoffeln schälen, waschen und ebenfalls in Scheiben schneiden.
2. Wasser in den Mixtopf gießen, Kartoffeln ins Garkörbchen geben und einhängen. Kohlrabi im Varoma aufsetzen. Das Gemüse 15 Minuten/Varoma/Rührstufe garen. Backofen auf 180 °C (Umluft 160 °C) vorheizen.
3. Eine Gratinform (ca. 24 cm Durchmesser) dünn einfetten und Kartoffeln und Kohlrabi abwechselnd hineinschichten.
4. Den Mixtopf ausleeren und abtrocknen. Die Butter hineingeben und 1 Minute/70 °C/Stufe 2 schmelzen lassen. Das Mehl dazugeben und 2 Minuten/95 °C/Stufe 2 andünsten. Milch, Frischkäse und Thymian zufügen und 5 Minuten/100 °C/Stufe 2 kochen. Béchamelsauce mit Salz, Pfeffer und Muskatnuss abschmecken und über das Gemüse gießen.
5. Gratin im vorgeheizten Backofen 15 Minuten backen, bis die Béchamelsauce gestockt ist und kleine Bräunungen zu sehen sind. Gleich in der Form servieren.

TIPP: **Wer es gerne fleischiger möchte, kann 150 g dünn geschnittene Kasselerscheiben abwechselnd mit dem Gemüse einschichten.**

Kohlrabi-Möhren-Gratin mit Kräutern

Thermomix® + Backofen + Pfanne

Für 2 Portionen • Pro Portion: 284 kcal, 28 g E, 8 g F, 23 g KH

300 g Kohlrabi
300 g Möhren
750 ml Wasser
etwas Fett für die Form
1 flacher TL Gemüsebrühepulver oder gekörnte Brühe
50 g gemischte TK-Kräuter (z. B. Italienische Mischung oder 7-Kräuter-Mischung)
2 Eier, Größe M
250 g Magerquark
Salz, Pfeffer
2 EL Kürbiskerne oder gehackte Walnüsse nach Belieben

1. Kohlrabi und Möhren schälen, putzen und waschen. Grob zerschneiden, in den Mixtopf geben, den Messbecher aufsetzen und 3 Sekunden/Stufe 4 zerkleinern. In das Garkörbchen umfüllen.
2. Wasser in den Mixtopf geben, Garkörbchen einhängen und das Gemüse zugedeckt 15 Minuten/Varoma/Rührstufe dämpfen. Den Backofen auf 180 °C (Umluft 160 °C) vorheizen. Eine Auflaufform (ca. 24 cm Durchmesser) dünn einfetten.
3. Den Mixtopf ausleeren, dabei 50 ml heißes Wasser zurückbehalten und mit dem Brühepulver und den TK-Kräutern wieder in den Mixtopf geben. 1 Minute/100 °C/Stufe 1 verrühren.
4. Eier und Magerquark dazugeben, mit Salz und Pfeffer würzen und 6 Sekunden/Stufe 3 verrühren. Das Gemüse dazugeben und 6 Sekunden/Stufe 2 linksdrehend unterrühren.

5. Gemüsemasse in die vorbereitete Auflaufform geben, glatt streichen und im vorgeheizten Backofen auf der mittleren Schiene 20 Minuten backen, bis die Oberfläche Farbe angenommen hat.
6. In der Zwischenzeit die Kürbiskerne oder Walnüsse in einer beschichteten Pfanne ohne Fett rösten.
7. Das Gratin auf 2 Tellern anrichten und mit den Kernen bestreut servieren.

Kohlrabi-Möhren-Eintopf mit Graupen und Fleischbällchen

Thermomix® + Varoma

Für 4 Portionen • Pro Portion: 534 kcal, 24 g E, 31 g F, 39 g KH

Für die Fleischbällchen:
1 kleine Zwiebel
2 Knoblauchzehen
1 EL Rapsöl
300 g gemischtes Hackfleisch
1 Ei, Größe M
1 EL Paprikapulver edelsüß oder rosenscharf
Salz, Pfeffer
etwas Fett für das Backpapier

1. Zwiebel abziehen und vierteln. Die Knoblauchzehen schälen.
2. Zwiebel und Knoblauch mit dem Öl in den Mixtopf geben, den Messbecher aufsetzen und 5 Sekunden/Stufe 5 zerkleinern. Mit dem Spatel nach unten schieben und 3 Minuten/120 °C/Stufe 0,5 andünsten.
3. Hackfleisch, Ei, Paprikapulver, Salz und Pfeffer dazugeben und 10 Sekunden/Stufe 4 vermischen. In eine Schüssel umfüllen und mit feuchten Händen 20 kleine Bällchen formen.
4. Den Varoma-Einlegeboden mit Backpapier belegen (darauf achten, dass die seitlichen Schlitze frei bleiben), dünn mit Fett bestreichen und die Fleischbällchen darauflegen.

Für den Eintopf:
200 g Perlgraupen
1,2 l Wasser
Salz
200 g Kohlrabi
200 g Möhren
2 EL Rapsöl
1,2 l Gemüsebrühe
4 Stängel glatte Petersilie
Salz, Cayennepfeffer
Zitronensaft

1. Die Perlgraupen mit dem Salzwasser 15 Minuten/100 °C/Stufe 1 im Mixtopf vorkochen und durch ein Sieb abgießen. Den Mixtopf spülen und abtrocknen.
2. In der Zwischenzeit Kohlrabi und Möhren putzen, schälen, waschen und grob in Stücke schneiden.
3. Kohlrabi und Möhren mit dem Rapsöl in den Mixtopf geben und 7 Sekunden/Stufe 5 zerkleinern. Mit dem Spatel nach unten schieben und 3 Minuten/120 °C/Stufe 1 andünsten.
4. Die Graupen und die Brühe dazugeben, den Varoma mit den Fleischbällchen aufsetzen und alles zusammen 15 Minuten/Varoma/Stufe 1 linksdrehend garen.
5. In der Zwischenzeit die Petersilie waschen, trockenschütteln, die Blätter von den Stielen zupfen und fein hacken.
6. Den Varoma abnehmen und beiseitestellen. Den Eintopf mit Salz, Cayennepfeffer und Zitronensaft pikant säuerlich abschmecken.
7. Eintopf auf 4 Teller verteilen, jeweils 5 Fleischbällchen hineingeben und mit Petersilie bestreut servieren.

INFO 1: **Graupen sind die geschälten und polierten Körner der Gerste. Für eine Vollwerternährung ist Rollgerste aus den ganzen Körnern besser geeignet. Feiner sind die Perlgraupen, für die die Körner geschnitten werden.**

INFO 2: **Falls Sie die Fleischbällchen mal für ein anderes Gericht verwenden wollen: 5 Stück haben 227 kcal, 16 g E, 17 g F, 1 g KH.**

Kohlrabisuppe mit Fiskeboller

Thermomix® + Varoma

Für 4 Portionen • Pro Portion: 174 kcal, 12 g E, 9 g F, 11 g KH

Für 12 Fischbällchen:
150 g Schellfisch oder Kabeljau
1 Schalotte
1 Knoblauchzehe
10 g Butter
1 Ei, Größe M
2 EL Stärkemehl
2 EL Sahne zum Kochen
Salz, weißer Pfeffer

1. Den Kabeljau etwa 1 Stunde im Gefrierfach anfrieren lassen – er lässt sich dann besser zerkleinern. Schalotte und Knoblauch abziehen und halbieren.
2. Schalotte und Knoblauch in den Mixtopf geben, den Messbecher aufsetzen und 5 Sekunden/Stufe 5 zerkleinern. Mit dem Spatel nach unten schieben, die Butter dazugeben und 3 Minuten/100 °C/Stufe 0,5 andünsten.
3. Kabeljau, Ei, Stärkemehl, Sahne, Salz und Pfeffer in den Mixtopf geben und 10 Sekunden/Stufe 6 zerkleinern. In eine Schüssel umfüllen, den Mixtopf ausspülen und auch den Deckel reinigen.
4. Den Einlegboden des Varoma mit Pergamentpapier auslegen, dabei die seitlichen Schlitze frei lassen, damit der Dampf zirkulieren kann.
5. Mit feuchten Händen aus der Fischmasse 12 kleine Bällchen von etwa 2 cm Durchmesser formen und diese in den Varoma legen.

Für die Suppe:
300 g Kohlrabi
800 ml Gemüsebrühe (nach Belieben auch Fischfond)
1 TL Fenchelsamen
1 Fleischtomate
4 Stängel glatte Petersilie
Salz, Pfeffer
Zitronensaft

1. Kohlrabi putzen und dabei die kleineren zarten Blätter für später beiseitestellen. Kohlrabi schälen, waschen und grob in Stücke schneiden.
2. Kohlrabistücke in den Mixtopf geben, Brühe und Fenchelsamen dazugeben, den Varoma mit den Fischbällchen aufsetzen und das Ganze 16 Minuten/Varoma/Stufe 1 garen.
3. In der Zwischenzeit die Tomate heiß überbrühen, kalt abschrecken, häuten und halbieren. Stielansatz und Kerne entfernen und das Fruchtfleisch in Streifen schneiden. Die Petersilie waschen, trockenschütteln und die Blätter von den Stielen zupfen. Zusammen mit dem Kohlrabigrün fein hacken.
4. Den Varoma abnehmen und beiseitestellen. Die Suppe 20 Sekunden/Stufe 4–5 ansteigend nicht allzu fein pürieren und mit Salz, Pfeffer und Zitronensaft säuerlich-pikant abschmecken.
5. Die Fischbällchen und die Tomatenstreifen auf Teller verteilen, mit der Suppe begießen und mit gehackter Petersilie und Kohlrabigrün bestreut servieren.

INFO 1: **Fiskeboller sind eine norwegische Spezialität. Die Fischklößchen werden mit gekochtem Gemüse, aber auch als Suppeneinlage geschätzt.**

INFO 2: **Falls Sie die Fischbällchen mal in eine andere Suppe geben wollen: 3 Stück haben 106 kcal, 9 g E, 5 g F, 5 g KH.**

Kohlrabi-Tomaten-Tarte mit Schinken

Thermomix® + Backofen
Für 4 Portionen • Pro Portion: 717 kcal, 28 g E, 47 g F, 46 g KH

Für den Teig:
200 g Buchweizenmehl
1 Prise Salz
1 Ei, Größe M
125 g Butter
2 EL Wasser
etwas Mehl für die Arbeitsfläche
etwas Fett für die Form
Für die Füllung:
500 g Kohlrabi
400 g Tomaten
150 g gekochter Schinken in Scheiben
75 g alter Gouda
2 Eier, Größe M
200 ml Sahne zum Kochen
Salz, Pfeffer

1. Mehl, Salz, Ei, Butter und Wasser in den Mixtopf geben und 15 Sekunden/Stufe 3 zu einem Teig verarbeiten. Auf eine bemehlte Arbeitsfläche geben, ausrollen und eine leicht gefettete Springform (ca. 26 cm Durchmesser) damit auskleiden. Dabei einen etwa 2 cm hohen Rand hochziehen. Den Mixtopf spülen. Den Backofen auf 180 °C (Umluft 160 °C) vorheizen.
2. Kohlrabi putzen, schälen, waschen und grob zerschneiden. Tomaten heiß überbrühen, kalt abschrecken, häuten, halbieren und die Stielansätze herausschneiden. In dünne Scheiben schneiden.

3. Kohlrabi in den Mixtopf geben, Messbecher aufsetzen und 6 Sekunden/Stufe 4 zerkleinern. Die Hälfte des Kohlrabi auf dem Teigboden verteilen, mit Schinkenscheiben belegen und den restlichen Kohlrabi darübergeben. Mit den Tomatenscheiben belegen.
4. Den Gouda in den Mixtopf geben, Messbecher aufsetzen und 8 Sekunden/Stufe 8 zerkleinern. Eier, Sahne, Salz und Pfeffer zufügen und 5 Sekunden/Stufe 3 verrühren.
5. Die Eier-Käse-Sahne über die Tarte gießen. Form in den vorgeheizten Ofen geben, Tarte auf der unteren Schiene 45–50 Minuten backen, bis die Eier-Käse-Sahne gestockt und der Teigrand goldgelb ist. Etwas abkühlen lassen und erst dann aus der Springform lösen und servieren.

INFO: **Buchweizenmehl ist eine prima Alternative für alle, die Schwierigkeiten mit Gluten haben. Das Mehl wird in Russland für Blinis verwendet und auch in Frankreich findet es in den Galettes Verwendung.**

Kohlrübenlasagne

Thermomix® + Backofen

Für 4 Portionen • Pro Portion: 564 kcal, 24 g E, 31 g F, 48 g KH

120 g Parmesan
800 g Kohlrüben
Salz
750 ml Wasser
60 g Butter
60 g Weizenmehl
600 ml fettarme Milch
Pfeffer, geriebene Muskatnuss
1 EL scharfer Senf
4 Lasagneblätter
je 1 TL getrockneter Rosmarin, Majoran
200 g Cocktailtomaten
100 g kleine Champignons
2 EL Sesamsaat
2 Stängel glatte Petersilie

1. Den Parmesan grob würfeln, in den Mixtopf geben, Messbecher aufsetzen und 10 Sekunden/Stufe 10 reiben. In eine Schüssel umfüllen und beiseitestellen.
2. Die Kohlrüben schälen, putzen und grob in Stücke schneiden. Im Mixtopf (Messbecher!) 6 Sekunden/Stufe 5 zerkleinern. Salzwasser einfüllen und 15 Minuten/100 °C/Stufe 1,5 linksdrehend bissfest kochen. Durch ein Sieb abgießen und abtropfen lassen.
3. Den Mixtopf ausspülen und abtrocknen. Den Backofen auf 200 °C (Umluft 180 °C) vorheizen.
4. Butter 2 Minuten/85 °C/Stufe 1,5 im Mixtopf schmelzen lassen. Das Mehl einstreuen und 3 Minuten/100 °C/Stufe 2 andünsten. Die Milch dazugeben und alles offen 10 Minuten/100 °C/Stufe 2 cremig einkochen lassen. Eventuell noch etwas Milch dazugeben. Die Sauce sollte sich gut verstreichen lassen, aber nicht

zu flüssig sein. Die Hälfte des Parmesans einrühren und Sauce mit Salz, Pfeffer, Muskatnuss und scharfem Senf kräftig abschmecken.

5. Ein wenig Sauce dünn auf dem Boden einer ofenfesten Form (ca. 24 x 24 cm Durchmesser) verstreichen. 2 Lasagneblätter darauf verteilen. Die Hälfte der Kohlrüben daraufgeben, mit der Hälfte der Sauce bedecken und mit Rosmarin und Majoran bestreuen. Die beiden restlichen Lasagneblätter auflegen und wieder Kohlrüben und Sauce daraufgeben.

6. Die Tomaten waschen, gut abtropfen lassen, halbieren und mit den Schnittstellen nach oben leicht in die Sauce drücken. Die Champignons mit Küchenpapier säubern, eventuell halbieren und ebenfalls darauflegen.

7. Lasagne mit dem restlichen Käse und der Sesamsaat bestreuen und im vorgeheizten Backofen 30–35 Minuten backen, bis der Käse geschmolzen und die Oberfläche goldgelb ist.

8. Lasagne bei abgeschaltetem Ofen mindestens 5 Minuten ruhen lassen. In der Zwischenzeit die Petersilie waschen, trockenschütteln und die Blättchen von den Stielen zupfen und hacken. Lasagne mit Petersilie bestreuen und in der Form servieren.

Orientalische Kohlrübencremesuppe mit Kresse

Thermomix®

Für 4 Portionen • Pro Portion: 234 kcal, 3 g E, 17 g F, 18 g KH

600 g Kohlrüben
200 g Möhren
1 Zwiebel
1 Stück Ingwer (walnussgroß)
1 EL Rapsöl
1 EL Garam Masala
½ TL Kurkuma
1,2 l Gemüsebrühe
8 Stängel Majoran
100 ml Sahne zum Kochen
Salz, Pfeffer
Zitronensaft

1. Die Kohlrüben und die Möhren putzen, schälen, waschen und grob in Stücke schneiden. Die Zwiebel abziehen und vierteln. Den Ingwer schälen und grob zerschneiden.
2. Zwiebel und Ingwer in den Mixtopf geben, Messbecher aufsetzen und 5 Sekunden/Stufe 6 zerkleinern. Mit dem Spatel nach unten schieben, das Öl dazugießen und 3 Minuten/100 °C/ Stufe 1 andünsten.
3. Kohlrüben und Möhren in den Mixtopf geben und 5 Sekunden/Stufe 5 zerkleinern (Messbecher!). Die Gewürze und Brühe dazugeben und Gemüse 15 Minuten/100 °C/Stufe 2 weich kochen.
4. In der Zwischenzeit den Majoran waschen, trockenschütteln und die Blättchen von den Stielen zupfen.
5. Die Sahne in den Mixtopf gießen und die Suppe 40 Sekunden/Stufe 5–7 ansteigend cremig pürieren. Mit Salz, Pfeffer und Zitronensaft pikant abschmecken, auf 4 Teller verteilen und mit Majoran bestreut servieren.

Kohlrüben-Süßkartoffel-Eintopf

Thermomix®

Für 4 Portionen • Pro Portion: 232 kcal, 3 g E, 11 g F, 29 g KH

400 g Kohlrüben
300 g Süßkartoffeln
4 Schalotten
2 Knoblauchzehen
1 rote Peperonischote
1 EL Rapsöl
1 l Gemüsebrühe
1 EL rote Currypaste (Asialaden)
4 Stängel glatte Petersilie oder frische Minze
Salz, Pfeffer

1. Die Kohlrüben und die Süßkartoffeln putzen, schälen, waschen und grob würfeln.
2. Die Schalotten abziehen und halbieren. Die Knoblauchzehen schälen. Die Peperonischote waschen, längs halbieren, die Kerne herauskratzen und Schote grob zerschneiden.
3. Schalotten, Knoblauch und Peperoni in den Mixtopf geben, Messbecher aufsetzen und 3 Sekunden/Stufe 5 zerkleinern. Mit dem Spatel nach unten schieben, das Rapsöl dazugeben und 3 Minuten/120 °C/Stufe 1 andünsten.
4. Kohlrüben- und Süßkartoffelstücke dazugeben und – nach Belieben – 2–3 Sekunden/Stufe 4 zerkleinern. Gemüsebrühe und Currypaste dazugeben, 5 Sekunden/Stufe 3 linksdrehend vermischen und Gemüse in 14 Minuten/100 °C/Stufe 1 linksdrehend weich kochen.
5. In der Zwischenzeit die Petersilie oder Minze waschen, trockenschütteln, die Blätter von den Stielen zupfen und hacken.
6. Den Eintopf mit Salz und Pfeffer abschmecken, auf 4 Teller verteilen und mit gehackter Petersilie (oder Minze) bestreut servieren.

Kürbis

Von den zahlreichen Kürbissorten, die es am Markt gibt, verwenden wir in der Küche am liebsten den Hokkaido-Kürbis, denn er hat den Vorteil, dass man seine dünne Schale mitessen kann. Praktisch macht ihn auch, dass oft kleinere Früchte von ein bis zwei Kilogramm Gewicht angeboten werden. Ein angeschnittener großer Kürbis (oder eine Spalte davon) sollte im Kühlschrank gelagert und innerhalb von drei bis vier Tagen verbraucht werden.

Als Faustregel gilt: Aus einem Kilogramm Kürbis erhalten Sie nach Putzen und Entkernen etwa 600 bis 700 Gramm Fruchtfleisch.

Der Name unseres Lieblingskürbisses kommt von seiner ursprünglichen Heimat, der Insel Hokkaido in Japan. Seitdem vor etwa 20 Jahren die ersten Exemplare bei uns aufgetaucht sind, hat dieser kleine, aromatische Kürbis in einem Superspurt alle anderen Sorten überholt. Nach Beginn der Haupterntezeit etwa im September bleibt er bei kühler und trockener Lagerung mindestens zwei Monate lang frisch.

Rezepte für Kürbissuppen gibt es schon wie Sand am Meer. Wir haben uns deshalb andere Zubereitungsarten überlegt: Die knallorangefarbenen Beeren – ja, der Kürbis gehört zu den Beerengewächsen – machen sich auch gut als Tortilla, Muffins oder im Risotto.

Kürbis-Muffins

Thermomix® + Backofen

Für 12 Stück • Pro Stück: 111 kcal, 5 g E, 7 g F, 3 g KH

400 g Hokkaido-Kürbis
1 Zwiebel
2 EL Olivenöl
etwas Fett für das Blech
4 Eier, Größe M
75 ml fettarmer Joghurt
50 g gemahlene Mandeln
1 TL Backpulver
Salz, Pfeffer
50 g Kürbiskerne

1. Den Backofen auf 180 °C (Umluft 160 °C) vorheizen.
2. Die Kürbisschale waschen, denn sie wird mitverwendet. Kerne entfernen und Fruchtfleisch grob in Stücke schneiden. Die Zwiebel abziehen und vierteln.
3. Die Kürbis- und Zwiebelstücke in den Mixtopf geben und 7 Sekunden/Stufe 6 zerkleinern. Das Öl dazugeben und 3 Minuten/120 °C/Stufe 1 andünsten. Anschließend 5 Sekunden/Stufe 6 pürieren.
4. In der Zwischenzeit das Muffinblech mit Papierförmchen auslegen oder einfetten.
5. Eier, Joghurt, Mandeln, Backpulver, Salz und Pfeffer in den Mixtopf geben und 20 Sekunden/Stufe 4 vermischen.
6. Den Teig gleichmäßig in die Förmchen verteilen, mit den Kürbiskernen bestreuen und Muffins ca. 20 Minuten im vorgeheizten Backofen backen, bis die Oberfläche goldgelb ist.

Kürbisgratin mit Hackfleisch

Thermomix® + Varoma + Backofen

Für 4 Portionen • Pro Portion: 572 kcal, 26 g E, 36 g F, 38 g KH

80 g Gruyère
150 g saure Sahne
500 g Kürbis (Hokkaido, aber auch Muskat-Kürbis)
Salz
1,2 l Wasser
160 g Teigwaren (zum Beispiel Tortiglioni oder Spiralen)
2 Zwiebeln
2 EL Rapsöl
250 g Rinderhackfleisch (oder gemischtes Hackfleisch)
½ EL Rosmarinnadeln
etwas Fett für die Form
Pfeffer
1–2 EL Balsamessig
2 EL Olivenöl

1. Den Gruyère in den Mixtopf geben, Messbecher aufsetzen und 8 Sekunden/Stufe 9 reiben. In eine kleine Schüssel umfüllen, mit der sauren Sahne vermischen und beiseitestellen.
2. Den Muskat-Kürbis schälen. Beim Hokkaido-Kürbis nur die Schale säubern. Die Kerne entfernen, das Fruchtfleisch in mundgerechte Würfel schneiden und in den Varoma legen.
3. Salzwasser in den Mixtopf geben, den Varoma mit dem Kürbis aufsetzen und 12 Minuten/100 °C/Rührstufe dämpfen.
4. Varoma abnehmen und beiseitestellen, die Teigwaren durch die Deckelöffnung in den Mixtopf geben, Varoma wieder aufsetzen und Nudeln 8–10 Minuten (je nach Packungsanleitung) al dente kochen. Durch ein Sieb abgießen und abtropfen lassen. Den Varoma mit dem Kürbis beiseitestellen. Den Mixtopf ausleeren und abtrocknen.

5. Den Backofen auf 200 °C (Umluft 180 °C) vorheizen.
6. Die Zwiebel abziehen, vierteln und in den Mixtopf geben. Messbecher aufsetzen und 6 Sekunden/Stufe 5 zerkleinern. Das Öl dazugießen und 3 Minuten/120 °C/Stufe 1 andünsten. Das Rinderhack zerpflücken und mit den Rosmarinnadeln dazugeben. Weitere 3 Minuten/120 °C/Stufe 2 linksdrehend andünsten.
7. Eine Auflaufform dünn einfetten. Nudeln, Kürbis und Hackfleisch darin vermischen. Kräftig mit Salz und Pfeffer würzen und mit Essig und Olivenöl beträufeln. Glatt streichen und die Käsemischung darauf verteilen.
8. Gratin in den vorgeheizten Ofen schieben und 25–30 Minuten überbacken, bis die Oberfläche goldgelb und knusprig ist. Gleich in der Form servieren.

TIPP: **Nach Belieben können Sie zusammen mit den Zwiebeln auch noch Petersilie zerkleinern und andünsten.**

Herbstliche Kürbistorte mit Nüssen

Thermomix® + Backofen
Für 8 Stück, zum Beispiel als Vorspeise • Pro Portion: 258 kcal, 7 g E, 13 g F, 28 g KH

Für den Quark-Öl-Teig:
75 g Magerquark
25 ml Milch
3 EL Rapsöl
Salz
150 g Weizen- oder Maismehl
½ Päckchen Backpulver
etwas Mehl für die Arbeitsfläche
etwas Fett für die Form

1. Quark, Milch und Öl mit 1 Prise Salz 3 Sekunden/Stufe 5 verrühren (Messbecher nicht vergessen!). Mehl und Backpulver dazugeben und 1 Minute/Knetstufe zu einem Teig verarbeiten.
2. Teig auf die bemehlte Arbeitsfläche geben und zu einer Kugel formen. Dann dünn ausrollen. Eine Springform oder Quicheform (ca. 25–28 cm Durchmesser) einfetten, mit Teig auskleiden, dabei einen Rand hochziehen.
3. Den Mixtopf ausspülen und abtrocknen.

INFO: **Macis, auch Muskatblüte genannt, ist ein enger, aber feinerer Verwandter der Muskatnuss. Macis wird klassisch als Gewürz für Lebkuchen verwendet und kommt natürlich auch in vorweihnachtlichen und herbstlichen Gerichten gut zur Geltung.**

Für die Füllung:
75 g Walnusskerne
500 g Hokkaido-Kürbis
½ Vanilleschote
1 Stück Ingwer (walnussgroß)
1 Bio-Orange
75 g Zucker
2 Eier, Größe M
1 flacher TL gemahlener Zimt
½ TL Macis
½ TL gemahlene Nelken
Salz

1. Die Walnusskerne in den Mixtopf geben, den Messbecher aufsetzen und 8 Sekunden/Stufe 7 mahlen. In eine Schüssel umfüllen und beiseitestellen.
2. Den Kürbis waschen (die Schale wird mit verwendet), die Kerne entfernen und Fruchtfleisch grob in Stücke schneiden. Die Vanilleschote längs aufschlitzen und das Mark herauskratzen. Den Ingwer schälen und vierteln.
3. Die Orange heiß waschen, 1 EL Schale abraspeln und die Frucht auspressen – Sie brauchen 100 ml Saft.
4. Den Backofen auf 180 °C (Umluft 160 °C) vorheizen.
5. Ingwer in den Mixtopf geben, den Messbecher aufsetzen und 3 Sekunden/Stufe 6 zerkleinern. Mit dem Spatel nach unten schieben und den Vorgang wiederholen, damit der Ingwer recht fein zerkleinert wird. Die Kürbisstücke dazugeben und 6 Sekunden/Stufe 5 zerkleinern.
6. Den Orangensaft angießen und zugedeckt 10 Minuten/100 °C/Stufe 1 garen.
7. Anschließend alles 15 Sekunden/Stufe 5–7 ansteigend fein pürieren.
8. Nüsse, Vanillemark, Zucker, Eier, die Gewürze, Orangenschale und 1 Prise Salz in den Mixtopf geben und alles 10 Sekunden/Stufe 5 zu einem glatten Brei verrühren.
9. Das Kürbispüree in die vorbereitete Form füllen und die Kürbistorte auf der mittleren Schiene im vorgeheizten Backofen 25–30 Minuten backen, bis der Teigrand goldgelb ist und die Füllung kleine Risse zeigt. Vollständig auskühlen lassen und erst dann aufschneiden oder aus der Form nehmen.

Kürbis-Tortilla mit Chorizo

Thermomix® + Backofen

Für 2 Portionen • Pro Portion: 429 kcal, 28 g E, 28 g F, 16 g KH

350 g Hokkaido-Kürbis
3 Lauchzwiebeln
1 Knoblauchzehe
25 g in Öl eingelete getrocknete Tomaten + 1 EL des Öls
Salz, Pfeffer
½ TL gemahlener Zimt
etwas Fett für die Form
80 g fettarmer Frischkäse
125 ml Milch
2 Eier, Größe M
1 TL Rosmarinnadeln
50 g Chorizo
50 g Manchego

1. Den Backofen auf 200 °C (Umluft 180 °C) vorheizen.
2. Kürbisschale mit einem feuchten Tuch säubern – sie wird mitverwendet. Kerne entfernen und das Fruchtfleisch grob in Würfel schneiden. Lauchzwiebeln putzen, waschen und in Stücke schneiden. Knoblauchzehe schälen. Die getrockneten Tomaten in Streifen schneiden.
3. Knoblauch und Lauchzwiebeln mit 1 EL Tomatenöl in den Mixtopf geben, Messbecher aufsetzen und 5 Sekunden/Stufe 5 zerkleinern. Mit dem Spatel nach unten schieben, die Kürbisstücke dazugeben und 3 Minuten/120 °C/Stufe 0,5 andünsten.
4. Kürbismischung mit Salz, Pfeffer und gemahlenem Zimt würzen und in eine flache, leicht gefettete Auflaufform (ca. 24 cm Durchmesser) geben. Den Mixtopf ausspülen.

5. Frischkäse, Milch und Eier in den Mixtopf geben, mit Rosmarin, Salz und Pfeffer würzen und 10 Sekunden/Stufe 3 verrühren. Die Mischung auf dem Kürbis verteilen.
6. Die Chorizo in feine Scheiben schneiden, den Manchego grob raspeln und beides zusammen mit den Tomatenstreifen über die Tortilla streuen.
7. Tortilla im vorgeheizten Backofen 25–30 Minuten backen, bis der Käse goldgelb ist und gleich – am besten in der Form – servieren.

Muschelnudeln mit Kürbis

Thermomix®

Für 2 Portionen • Pro Portion: 554 kcal, 16 g E, 16 g F, 88 g KH

1 Zwiebel
1 Stück Ingwer (walnussgroß)
250 g Hokkaido-Kürbis
150 g Möhren
10 g Kokosöl
200 g Muschelnudeln
100 ml Kokosmilch
400 ml Gemüsebrühe
2 Stängel glatte Petersilie
Salz, Pfeffer

1. Die Zwiebel abziehen und vierteln. Den Ingwer schälen und vierteln. Die Kürbisschale waschen (sie wird mitverwendet), die Kerne entfernen und das Fruchtfleisch grob würfeln. Möhren putzen, schälen, waschen und grob zerschneiden.
2. Zwiebel und Ingwer mit dem Kokosöl in den Mixtopf geben, den Messbecher aufsetzen und 3 Sekunden/Stufe 5 zerkleinern. Mit dem Spatel nach unten schieben und den Vorgang wiederholen. Anschließend 3 Minuten/120 °C/Stufe 0,5 andünsten.
3. Möhren dazugeben und 3 Sekunden/Stufe 5 zerkleinern (Messbecher!). Den Kürbis in den Topf geben und 5 Sekunden/Stufe 4 zerkleinern.
4. Muschelnudeln, Kokosmilch und Gemüsebrühe in den Topf geben und alles zusammen 12 Minuten/90 °C/Rührstufe linksdrehend zugedeckt kochen.
5. In der Zwischenzeit die Petersilie waschen, trockenschütteln, die Blätter von den Stielen zupfen und fein hacken.
6. Den Eintopf mit Salz und Pfeffer abschmecken, auf 2 Teller verteilen und mit den Petersilienblättchen bestreut servieren.

INFO: Teigwaren in Muschelform gibt es von verschiedenen Herstellern. Sie können dann Conchiglie oder Müscheli heißen. Geeignet sind auch Orecchiete oder Gnocchi. Hauptsache, sie bilden ein Schälchen, in das die leckere Sauce schlüpfen kann. Die Kochzeit auf der Packung müssen Sie wahrscheinlich um 2–3 Minuten verlängern, da die Teigwaren nicht komplett in der Flüssigkeit schwimmen. Also: Probieren vor dem Servieren!

Kürbisrisotto

Thermomix®
Für 4 Portionen • Pro Portion: 485 kcal, 12 g E, 18 g F, 68 g KH

700 g Hokkaido-Kürbis
1 Zwiebel
1–2 Knoblauchzehen
1 EL Rapsöl
300 g Risottoreis (z. B. Vialone oder Arborio)
750 ml Gemüsebrühe
geriebene Muskatnuss
Salz, Pfeffer
30 g Butter
50 g geriebener Parmesan nach Belieben

1. Den Kürbis gut waschen (die Schale wird mitverwendet), entkernen und Fruchtfleisch grob in Stücke schneiden. Die Zwiebel abziehen und vierteln. Den Knoblauch schälen.
2. Zwiebel und Knoblauch in den Mixtopf geben, den Messbecher aufsetzen und 5 Sekunden/Stufe 5 zerkleinern. Mit dem Spatel nach unten schieben, das Öl dazugießen und 3 Minuten/120 °C/Stufe 0,5 andünsten.
3. Die Kürbisstücke einfüllen und 4 Sekunden/Stufe 5 zerkleinern. Den Reis dazugeben und das Ganze 3 Minuten/100 °C/Stufe 1 linksdrehend andünsten.
4. Die Brühe angießen, mit Muskatnuss würzen, den Gareinsatz als Spritzschutz aufsetzen und alles 12 Minuten/100 °C/Stufe 1 linksdrehend garen.
5. Die Butter mit dem Spatel unterheben und den Reis noch 1 Minute im Topf quellen lassen. Risotto mit Salz und Pfeffer abschmecken. 10 Sekunden/Stufe 1 linksdrehend vermischen.
6. Risotto auf 4 Teller verteilen und nach Belieben geriebenen Parmesan dazu reichen.

Kürbis-Pancakes

Thermomix® + Pfanne

Für 2 Portionen / 4 Stück • Pro Portion: 405 kcal, 17 g E, 17 g F, 47 g KH

200 g Hokkaido-Kürbis
3 Stängel Dill
200 ml fettarme Milch
2 Eier, Größe M
Salz, Pfeffer
100 g Weizenmehl
4 TL Rapsöl

1. Die Kürbisschale gut abwaschen, sie wird mitverwendet. Die Kerne entfernen und das Fruchtfleisch grob würfeln. Den Dill waschen, trockenschütteln und die Blättchen von den Stängeln zupfen.
2. Kürbis und Dill in den Mixtopf geben, Messbecher aufsetzen und 20 Sekunden/Stufe 4 –5 ansteigend zerkleinern. Mit dem Spatel nach unten schieben.
3. Milch, Eier, Salz, Pfeffer und Mehl dazugeben und 10 Sekunden/Stufe 3 verrühren. In eine Schüssel umfüllen und 15 Minuten quellen lassen.
4. 1 TL Rapsöl in einer kleinen beschichteten Pfanne (Bodendurchmesser ca. 15 cm) mild erhitzen (damit die Pancakes langsam backen und der Kürbis gar werden kann) und 1 Kelle Teig eingießen. Backen, bis sich die Ränder goldgelb färben, dann Pancake wenden und auf der anderen Seite goldbraun fertig backen. Das Ganze noch dreimal wiederholen.

TIPP: **Dazu passt gut eine Schüssel grüner Salat, den Sie, während der Teig quillt, zubereiten können.**

Kürbis-Galettes mit Schafskäse

Thermomix® + Backofen
Für 2 Portionen • Pro Portion: 773 kcal, 20 g E, 49 g F, 64 g KH

Für den Teig:
200 g Buchweizenmehl
100 g kalte Butter
50 ml Wasser
Salz

1. Das Mehl und die kalte Butter in Flöckchen mit Wasser und einer Prise Salz in den Mixtopf geben und 2 Minuten/Knetstufe verkneten.
2. Teig auf die Arbeitsfläche kippen und mit den Händen zu einer Kugel formen. Zugedeckt im Kühlschrank ½–1 Stunde ruhen lassen.

Für den Belag:
1 große Zwiebel
1 EL Olivenöl
75 g fettarmer Frischkäse
Salz
300 g Hokkaido-Kürbis
50 g Schafskäse
2 Stängel Thymian
etwas Mehl für die Arbeitsfläche
Pfeffer
etwas Fett für das Backblech

1. Den Backofen auf 200 °C (Umluft 180 °C) vorheizen.
2. Die Zwiebel abziehen und vierteln. Mit dem Öl in den Mixtopf geben, den Messbecher aufsetzen und 5 Sekunden/Stufe 5 zerkleinern. Mit dem Spatel nach unten schieben und 3 Minuten/120 °C/Stufe 1 andünsten.

3. Frischkäse und Salz dazugeben und 6 Sekunden/Stufe 3 unterrühren.
4. Das Stück Kürbis entkernen, die Schale gut waschen (sie wird mitverwendet) und das Fruchtfleisch in schmale Spalten schneiden. Den Schafskäse in Würfel schneiden. Den Thymian waschen, trockenschütteln und die Blättchen von den Zweigen zupfen.
5. Den Teig halbieren und auf der bemehlten Arbeitsfläche zu 2 dünnen Fladen von etwa 25 cm Durchmesser ausrollen. Mit der Zwiebel-Frischkäse-Mischung bestreichen und dabei rundherum einen 5 cm breiten Rand lassen.
6. Kürbisspalten und Schafskäse auf den Fladen verteilen und mit Pfeffer bestreuen. Den Rand über die Füllung klappen und die beiden Galettes vorsichtig auf ein eingefettetes Backblech ziehen.
7. Galettes im vorgeheizten Ofen 20–25 Minuten backen, bis der Teigrand schön goldgelb ist. Mit den Thymianblättchen bestreut heiß servieren.

INFO: **Galettes aus Buchweizenmehl sind die bretonische Version von Crêpes. Man kann sie hauchdünn – etwa wie Pfannkuchen – machen oder wie hier in einer etwas rustikaleren Variante ähnlich einer Pizza.**

Lauch

Die grün-weißen Stangen, sie werden auch Porree genannt, gehören zu den Zwiebelgewächsen. Es gab sie schon im alten Ägypten, wo sie die Arbeiter beim Pyramidenbau ernährt haben sollen. Unverzichtbar ist der milde Zwiebelgeschmack beim Suppengrün. Doch auch außerhalb des Suppentopfs macht Lauch eine gute Figur. Ob auf einer Tarte überbacken, mit Käse oder mit Hackfleisch – er ist extrem vielseitig und dabei kalorienarm. Gut für Verdauung und Nierentätigkeit ist Lauch auch, zudem weist er einen hohen Gehalt an Mineralstoffen und Sekundären Pflanzenstoffen auf.

Zwar gibt es Lauch durch zwei Ernteperioden das ganze Jahr über, in der Haupterntezeit im Herbst bis in den Winter hinein schmeckt er aber besonders pikant. Seine Zubereitung ist denkbar einfach. Wichtig ist eine gründliche Reinigung, denn oft verbirgt sich zwischen den dunklen Blättern noch Erde und die muss sorgfältig abgespült werden. Am besten die Stangen der Länge nach aufschlitzen. Dann können Sie die Blätter auffächern und unter fließendem Wasser gründlich säubern.

Lauchtorte mit Käse

Thermomix® + Backofen
Für 2 Portionen als Hauptgericht • Pro Portion: 447 kcal, 25 g E, 31 g F, 38 g KH

5 Stangen Lauch
50 g Bergkäse oder Gouda
2 Eier, Größe M
1 EL Olivenöl
100 ml Milch
70 g Weizenmehl
1 Päckchen Backpulver
Salz, Pfeffer
etwas Fett und Mehl für die Form

1. Den Lauch putzen, ⅔ der grünen Teile entfernen. Die Stangen längs aufschlitzen, gründlich waschen und grob in Stücke schneiden.
2. Den Käse in etwa 2 cm große Stücke schneiden und im Mixtopf 5 Sekunden/Stufe 6 zerkleinern. (Messbecher aufsetzen!) In eine Schüssel umfüllen und beiseitestellen. Den Backofen auf 200 °C (Umluft 180 °C) vorheizen.
3. Den Lauch in den Mixtopf geben, Messbecher aufsetzen und 6 Sekunden/Stufe 5 zerkleinern. In eine Schüssel umfüllen.
4. Für den Teig Eier und Öl in den Mixtopf geben (er muss nicht gespült werden) und 20 Sekunden/Stufe 3 schaumig rühren. Milch, Mehl, Backpulver, Salz und Pfeffer dazugeben und 15 Sekunden/Stufe 3 zu einem glatten Teig verarbeiten.
5. Den Lauch in den Mixtopf geben und 5 Sekunden/Stufe 2 linksdrehend einrühren, sodass die Lauchstücke gut vom Teig umhüllt sind.
6. Eine kleine (20 cm Durchmesser) Auflaufform einfetten und mit Mehl bestäuben. Die Form verkehrt herum kurz auf die Arbeitsfläche klopfen, um überschüssiges Mehl zu entfernen. Die Lauchmasse einfüllen und den Käse darauf verteilen.
7. Lauchtorte im vorgeheizten Backofen auf der mittleren Schiene 35–40 Minuten backen, bis der Käse goldbraun geschmolzen ist. Gleich heiß genießen oder lauwarm abkühlen lassen.

Lauchquiche mit Lachs

Thermomix® + Backofen

Für 4 Portionen • Pro Portion: 676 kcal, 29 g E, 43 g F, 44 g KH

Für den Quark-Öl-Teig:
100 g Magerquark
50 ml Milch
60 ml Rapsöl
Salz
100 g Weizenmehl
100 g Buchweizenmehl
1 Päckchen Backpulver
etwas Mehl für die Arbeitsfläche
etwas Fett für die Form

1. Quark, Milch und Öl mit 1 Prise Salz in den Mixtopf geben und 5 Sekunden/Stufe 4 verrühren. Mit dem Spatel nach unten schieben und beide Mehle und das Backpulver dazugeben. 2 Minuten/Knetstufe vermischen.
2. Teig auf die bemehlte Arbeitsfläche geben und mit den Händen einen flachen Fladen formen. Ausrollen und eine leicht gefettete Springform (ca. 30 cm Durchmesser) bis zum Rand damit auskleiden.

TIPP: **Legen Sie Ihre Springform eventuell zuvor mit Backpapier aus, so kann dann später nichts vom flüssigen Belag herauslaufen.**

Für den Belag:
50 g Käse (zum Beispiel Grana Padano oder alter Gouda)
3 Stangen Lauch
4 Stängel Dill
1 EL Rapsöl
200 ml Schmand
2 Eier, Größe M
Salz, Pfeffer
150 g geräucherter Lachs (4 Scheiben)
4 Spalten Zitrone nach Belieben

1. Den Backofen auf 180 °C (Umluft 160 °C) vorheizen.
2. Den Käse grob würfeln, in den Mixtopf geben und 10 Sekunden/Stufe 10 zerkleinern. In eine kleine Schüssel umfüllen und beiseitestellen.
3. Den Lauch putzen, längs aufschlitzen, gründlich waschen und grob zerschneiden. Den Dill waschen, trockenschütteln, die Blättchen von den Stängeln zupfen und hacken.
4. Lauch und Rapsöl in den Mixtopf geben und 6 Sekunden/Stufe 5 zerkleinern. Mit dem Spatel nach unten schieben und 6 Minuten/100 °C/Stufe 1 andünsten. Schmand, Käse, Eier, Salz und Pfeffer dazugeben und 20 Sekunden/Stufe 3 linksdrehend verrühren. Lauch-Eier-Masse auf dem Teig verteilen.
5. 2 Scheiben Lachs in Rechtecke oder Streifen schneiden, auf die Quiche geben und leicht hineindrücken. Quiche im vorgeheizten Backofen 20 Minuten backen, bis der Teigrand goldgelb wird. Anschließend abgedeckt 10 Minuten bei 80° im Ofen ruhen lassen.
6. Die Quiche in Stücke schneiden, auf 4 Tellern anrichten, den restlichen Lachs danebensetzen und mit Dill bestreut servieren. Nach Belieben mit je 1 Spalte Zitrone dekorieren.

TIPP: **Die Quiche ist auch eine nette Vorspeise für 6–8 Personen.**

Dunkelgrüne Lauchquiche mit Schinken

Thermomix® + Pfanne + Backofen

Für 4 Portionen • Pro Portion: 406 kcal, 14 g E, 50 g F, 61 g KH

Für den Teig:
140 g Maismehl
65 g zimmerwarme Butter
1 Ei, Größe M
½ TL Salz

1. Mehl, Butter, Ei und Salz in den Mixtopf geben und 90 Sekunden/Knetstufe vermischen.
2. Den krümeligen Teig auf die Arbeitsfläche geben und mit den Händen zu einer Kugel formen. ½ Stunde in Frischhaltefolie gewickelt im Kühlschrank ruhen lassen.

Für den Belag:
50 g geräucherte Schinkenwürfel
1 TL Rapsöl
300 g Lauch (2 mittelgroße Stangen)
1 EL Olivenöl
100 g Frischkäse
50 ml Milch
1 Ei
Salz, Pfeffer
½ TL Kurkuma
etwas Fett für die Form

1. Den Backofen auf 180 °C (Umluft 160 °C) vorheizen.
2. Die Schinkenwürfel in einer beschichteten Pfanne mit 1 TL Rapsöl anbraten und beiseitestellen.
3. Den Lauch putzen, längs aufschlitzen und gründlich waschen. Für diese Quiche möglichst viel von den dunklen Teilen verwenden. Lauch grob zerschneiden und zuerst die dunklen Teile 3 Sekunden/Stufe 5 im Mixtopf zerkleinern, dann den hellen Lauch dazugeben und weitere 3 Sekunden/Stufe 5 zerkleinern.
4. Das Olivenöl dazugeben und Lauch 3 Minuten/120 °C/Stufe 1 andünsten. Frischkäse, Milch, Ei, Salz, Pfeffer und Kurkuma dazugeben und 10 Sekunden/Stufe 3 gut verrühren.
5. Eine Spring- oder Quicheform (ca. 25 cm Durchmesser) dünn einfetten und den Teig mit dem Handballen darin verteilen, dabei einen Rand hochziehen. Teig mit einer Gabel im Abstand von ca. 5 cm einstechen.
6. Die Lauchmasse einfüllen und mit den gebratenen Schinkenwürfeln bestreuen. Quiche im vorgeheizten Backofen 25–30 Minuten backen, bis die Füllung gestockt und der Teig an den Rändern goldbraun ist.

Bunte Lauchsuppe mit Reis

Thermomix®

Für 4 Portionen • Pro Portion: 184 kcal, 7 g E, 4 g F, 29 g KH

5 Stangen Lauch
300 g Möhren
3 Lauchzwiebeln
2 EL Rapsöl
80 g Reis
2 EL Tomatenmark
1 TL Paprikapulver rosenscharf oder edelsüß
750 ml Gemüsebrühe
3 Stängel glatte Petersilie
Saft ½ Zitrone
Salz, Pfeffer

1. Den Lauch putzen, längs aufschlitzen, gründlich waschen und in ca. 1 cm breite Ringe schneiden. Die Möhren putzen, schälen, waschen und in 3 mm dicke Scheiben schneiden. Die Lauchzwiebeln putzen, waschen und grob zerschneiden.
2. Die Lauchzwiebeln mit dem Öl in den Mixtopf geben, den Messbecher aufsetzen und 4 Sekunden/Stufe 5 zerkleinern. Mit dem Spatel nach unten schieben und 3 Minuten/120 °C/Stufe 0,5 andünsten. Den Reis dazugeben und 1 weitere Minute/100 °C/Stufe 1 andünsten.
3. Tomatenmark, Lauch, Möhren, Paprikapulver und Brühe dazugeben und Gemüse in 15 Minuten/100 °C/Stufe 1 weich kochen. (Mit Messbecher oder Garkörbchen abdecken – es kann spritzen.)
4. In der Zwischenzeit die Petersilie waschen, trockenschütteln, die Blätter von den Stielen zupfen und hacken.
5. Den Zitronensaft mit dem Spatel unterrühren. Die Suppe mit Salz und Pfeffer abschmecken und mit der Petersilie bestreut servieren.

Käse-Lauch-Eintopf mit Hackfleisch

Thermomix®

Für 4 Portionen • Pro Portion: 440 kcal, 26 g E, 35 g F, 5 g KH

250 g Rinderhackfleisch
2 EL Rapsöl
3 Stangen Lauch
1–2 Knoblauchzehen
3 Stängel glatte Petersilie
1 TL getrockneter Majoran
750 ml Gemüse- oder Fleischbrühe
200 g Schmelzkäse
100 g Schmand oder Crème légère
geriebene Muskatnuss
Salz, Pfeffer

1. Das Hackfleisch mit 1 EL Öl in den Mixtopf geben und 2 Minuten/100 °C/Stufe 0,5 linksdrehend krümelig braten. In eine Schüssel umfüllen, den Topf nicht spülen.
2. Den Lauch putzen, längs aufschlitzen, gründlich waschen und grob zerteilen. Den Knoblauch schälen. Die Petersilie waschen, trockenschütteln, die Blätter von den Stielen zupfen und fein hacken.
3. 1 EL Öl mit Lauch und Knoblauch in den Mixtopf geben, Messbecher aufsetzen und 8 Sekunden/Stufe 5 zerkleinern. Mit dem Spatel nach unten schieben und 3 Minuten/120 °C/Stufe 1 andünsten.
4. Das Hackfleisch mit Majoran dazugeben, die Brühe angießen und 12 Minuten/100 °C/Stufe 1 garen.
5. Schmelzkäse und Schmand dazugeben und 2 Minuten/85 °C/Stufe 2,5 einrühren. Mit Muskatnuss, Salz und Pfeffer abschmecken, auf 4 Teller verteilen und mit Petersilie bestreut servieren.

Flammkuchen mit Lauch 1

Thermomix® + Backofen

Für 2 Portionen als Hauptgericht • Pro Portion: 635 kcal, 32 g E, 33 g F, 52 g KH

Für den Quark-Öl-Teig:
120 g Weizenmehl
100 g Magerquark
1 TL Backpulver
2 EL Olivenöl
3 EL Wasser
Salz

1. Alle Teigzutaten in den Mixtopf geben und 2 Minuten/Knetstufe zu einem glatten Teig verarbeiten.
2. Backpapier auf etwa die Hälfte der Größe des Backblechs zuschneiden, den Teig daraufgeben und sehr dünn ausrollen. Backpapier vorsichtig auf das Backblech ziehen und den Mixtopf ausspülen. Alternativ können Sie auch einen großen Kreis aus dem Backpapier schneiden.

Für den Belag:
2 Stangen Lauch
1 EL Olivenöl
120 g fettarmer Frischkäse
100 g Schinkenwürfel

1. Den Backofen auf 220 °C (Umluft 200 °C) vorheizen.
2. Den Lauch putzen, längs aufschlitzen, gründlich waschen und grob zerteilen oder in ½ cm breite Streifen schneiden.
3. Lauch und Olivenöl in den Mixtopf geben und 4 Sekunden/Stufe 4 zerkleinern (außer Sie haben ihn schon in Ringe geschnitten). Lauch 3 Minuten/120 °C/Stufe 1 linksdrehend andünsten.

4. Den Teig mit dem Frischkäse bestreichen, den Lauch darauf verteilen und mit den Schinkenwürfeln bestreuen.
5. Flammkuchen im vorgeheizten Backofen 15 Minuten knusprig backen und sofort heiß servieren.

Flammkuchen mit Lauch 2

Thermomix® + Backofen
Für 2 Portionen als Hauptgericht • Pro Portion: 401 kcal, 11 g E, 17 g F, 51 g KH

Für den Hefeteig:
250 g Weizenmehl
10 g frische Hefe
2 EL Olivenöl
125 ml lauwarmes Wasser
1 TL Zucker
Salz

1. Alle Teigzutaten in den Mixtopf geben und 3 Minuten/Knetstufe zu einem glatten Teig verarbeiten. Herausnehmen, zu einer Kugel formen und an einem warmen Ort ½ Stunde gehen lassen.
2. Ein Backpapier etwa auf die Größe des Backblechs zuschneiden, den Teig daraufgeben und möglichst dünn ausrollen. Eventuell noch etwas Mehl zum Ausrollen verwenden. Das Backpapier vorsichtig auf das Backblech ziehen und den Mixtopf ausspülen.

Für den Belag:
1 Zwiebel
2 Stangen Lauch
1 EL Olivenöl
100 g Sojajoghurt
100 g Soja-Cuisine
Salz, Pfeffer
2 EL Schnittlauch in Röllchen

1. Den Backofen auf 220 °C (Umluft 200 °C) vorheizen.
2. Die Zwiebel abziehen und vierteln. Den Lauch putzen, längs aufschlitzen, gründlich waschen und grob in Stücke schneiden.
3. Zwiebel und Lauch mit dem Olivenöl in den Mixtopf geben, den Messbecher aufsetzen und 6 Sekunden/Stufe 5 zerkleinern. Mit dem Spatel nach unten schieben und 3 Minuten/120 °C/Stufe 1 andünsten.
4. In der Zwischenzeit Sojajoghurt und Soja-Cuisine mit Salz und Pfeffer in einer Schüssel verrühren. Schnittlauch waschen, trockenschütteln und in Röllchen schneiden.
5. Sojamischung auf dem Teig verteilen. Die Lauch-Zwiebel-Masse daraufgeben und Flammkuchen im vorgeheizten Backofen ca. 15 Minuten knusprig backen. Mit dem Schnittlauch bestreut gleich heiß servieren.

INFO: **Keine Angst vor Hefeteigen! Im Thermomix® können sie superleicht – ohne den umständlichen Vorteig – gerührt und geknetet werden. Auch Veganer können Hefe bedenkenlos verarbeiten: Hefen sind Pilze, die sich durch Teilung bei Wärme (deshalb muss der Teig an einem warmen Ort gehen) vermehren.**

Möhren

Auf der Rangliste der beliebtesten Gemüse kommt die Möhre gleich hinter den Tomaten auf dem zweiten Platz. Meist nur die orangefarbene Variante. Greifen Sie zu, wenn Sie mal ihre gelben, weißen oder violetten Schwestern sehen. Die gelben Wurzeln sind etwas größer und haben einen herb-erdigen Geschmack, die weißen schmecken intensiv nach Möhre. Die violette Variante ist in Asien zu Hause und bei uns nur selten zu finden.

Geerntet werden Möhren fast das ganze Jahr über: Im Frühjahr erfreuen die zarten, schlanken jungen Möhren. Die winterliche, intensivere Variante wird ab Oktober geerntet und eingelagert.

Möhren lieben deftige Begleiter (wenn sie nicht gerade als Babynahrung zubereitet werden). Mit Lauch oder Sauerkraut geht ihr leicht süßlicher Geschmack eine leckere Verbindung ein.

Eigentlich sind Möhren gekühlt recht lange haltbar. Leider haben wir aber oft schon einen Tag nach dem Einkauf schrumpelige und verblassende Exemplare im Kühlschrank liegen. Dagegen hilft schon, die Möhren aus der Verpackung zu nehmen oder diese zumindest zu öffnen. Oder besser noch: Die Möhren in ein leicht angefeuchtetes Tuch wickeln und ab damit ins Gemüsefach. Und bloß nicht in die Nähe von reifen Tomaten, Birnen oder Äpfeln legen. Diese Früchte strömen Äthylen aus. Das mögen Möhren gar nicht, dann werden sie bitter.

Möhreneintopf mit Graupen

Thermomix® + Varoma

Für 2 Portionen • Pro Portion: 357 kcal, 220 g E, 11 g F, 43 g KH

100 g Perlgraupen
Salz
1 l Wasser
200 g Möhren
100 g Petersilienwurzel
3 Lauchzwiebeln
125 g Kasseler-Lachs
1 EL Rapsöl
500 ml Fleischbrühe
1 Lorbeerblatt
Pfeffer
Zitronensaft oder Apfelessig

1. Die Graupen in dem Salzwasser 15 Minuten/100 °C/Stufe 0,5 vorkochen. Durch ein Sieb abgießen, beiseitestellen und den Mixtopf ausspülen.
2. In der Zwischenzeit die Möhren und die Petersilienwurzel putzen, schälen, waschen und grob in Stücke schneiden. Die Lauchzwiebeln putzen, waschen und in grobe Stücke schneiden. Das Fleisch würfeln und in den Varoma geben.
3. Die Lauchzwiebeln mit dem Öl in den Mixtopf geben, den Messbecher aufsetzen und 5 Sekunden/Stufe 5 zerkleinern. Mit dem Spatel nach unten schieben und 3 Minuten/120 °C/Stufe 1 andünsten.
4. Möhren und Petersilienwurzel in den Topf geben und 3 Sekunden/Stufe 5 zerkleinern. Die Brühe, Graupen und das Lorbeerblatt dazugeben, den Varoma aufsetzen und 20 Minuten/Varoma/Stufe 1 linksdrehend garen.
5. Den Varoma abnehmen und beiseitestellen. Den Eintopf mit Salz, Pfeffer und Zitronensaft oder Essig fein säuerlich abschmecken. Lorbeerblatt entfernen.
6. Eintopf auf 2 Teller verteilen und die Kasselerwürfel obenauf geben.

Möhreneintopf mit Nüssen

Thermomix® + Pfanne

Für 4 Portionen • Pro Portion: 315 kcal, 7 g E, 17 g F, 33 g KH

750 g Möhren
300 g Kartoffeln oder Süßkartoffeln
2 Bund Lauchzwiebeln
2 EL Olivenöl
600 ml Gemüsebrühe
1 EL getrockneter Majoran
200 ml Mandelmilch
100 g Röhrchennudeln (z. B. Penne oder Rigatoni)
20 g Walnusskerne
20 g Sonnenblumenkerne
Salz, Pfeffer

1. Die Möhren und Kartoffeln putzen, schälen, waschen und in grobe Stücke schneiden. Die Lauchzwiebeln putzen, waschen und mit viel Grün grob zerschneiden.
2. Olivenöl und Lauchzwiebeln in den Mixtopf geben, Messbecher aufsetzen und 4 Sekunden/Stufe 5 zerkleinern. Mit dem Spatel nach unten schieben und 4 Minuten/120 °C/Stufe 1 andünsten.
3. Möhren und Kartoffeln dazugeben und 5 Sekunden/Stufe 5 zerkleinern. Brühe und Majoran dazugeben und 10 Minuten/100 °C/Stufe 1,5 kochen. Mandelmilch und Nudeln in den Topf geben und weitere 10 Minuten/100 °C/Stufe 1,5 kochen.
4. In der Zwischenzeit die Walnuss- und Sonnenblumenkerne in einer beschichteten Pfanne ohne Fett leicht anrösten.
5. Den Eintopf mit Salz und Pfeffer abschmecken, auf 4 Teller verteilen und mit den Kernen bestreut heiß servieren.

INFO: Die Batate (Süßkartoffel) kommt ursprünglich aus Südamerika. Bekannt geworden ist die Knolle als Beilage zum Thanksgiving-Truthahn in den USA. Derzeit ist sie groß in Mode bei den Burger-Bratereien – als Fritten. Sie werden wie Kartoffeln zubereitet, schmecken aber gar nicht nach Kartoffel. Der hohe Zuckergehalt gibt dem Gemüse eine Süße, die sich gut mit scharfen Zutaten verträgt. Es enthält viel Betacarotin und Vitamin E – das verjüngt die Zellen.

Möhreneintopf mit Bohnen

Thermomix®

Für 4 Portionen • Pro Portion: 186 kcal, 7 g E, 8 g F, 20 g KH

500 g Möhren
150 g Staudensellerie
150 g Knollensellerie
1 Zwiebel
2 Knoblauchzehen
1 EL Olivenöl
3 EL Tomatenmark
800 ml Gemüsebrühe
1 flacher EL Paprikapulver edelsüß oder rosenscharf – je nach Geschmack
1 kleine Dose weiße Bohnen (ca. 250 g Abtropfgewicht)
4 Stängel krause Petersilie
Salz, Pfeffer

1. Möhren, Stauden- und Knollensellerie putzen, schälen und waschen. Möhren und Staudensellerie in Scheiben schneiden, Knollensellerie grob in Stücke schneiden. Die Zwiebel abziehen und vierteln. Knoblauchzehen schälen.
2. Zwiebel, Knoblauch und Olivenöl in den Mixtopf geben, Messbecher aufsetzen und 5 Sekunden/Stufe 5 zerkleinern. Mit dem Spatel nach unten schieben und 3 Minuten/120 °C/Stufe 1 andünsten. Das Tomatenmark dazugeben und weitere 2 Minuten/100 °C/Stufe 2 andünsten.
3. Knollensellerie in den Mixtopf geben und 6 Sekunden/Stufe 5 zerkleinern.
4. Die vorbereiteten Möhren- und Staudenselleriescheiben dazugeben, die Brühe angießen und mit Paprikapulver würzen. 14 Minuten/100 °C/Stufe 1 kochen, bis das Gemüse weich, aber noch bissfest ist.

5. Die Bohnen durch ein Sieb abgießen und kalt abbrausen. Zum Eintopf geben und 2 Minuten/100 °C/Stufe 0,5 linksdrehend erwärmen.
6. In der Zwischenzeit die Petersilie waschen, gut trockenschütteln und in kleine Sträußchen zerteilen.
7. Den Eintopf mit Salz und Pfeffer abschmecken, auf 4 Teller verteilen und mit der Petersilie dekoriert servieren.

TIPP: **Die Petersilie können Sie auch gut durch das klein gehackte, zarte Grün der inneren Selleriestängel ersetzen.**

Möhren-Sauerkraut-Eintopf mit Rostbratwürstchen

Thermomix®

Für 2 Portionen • Pro Portion: 270 kcal, 8 g E, 16 g F, 21 g KH

1 Zwiebel
1 EL Rapsöl
250 g Möhren
1 kleine Dose Sauerkraut (285 g Abtropfgewicht)
½ TL Kümmel
1 Lorbeerblatt
8 Nürnberger Rostbratwürstchen (à 20 g)
400 ml Gemüse- oder Fleischbrühe
½ TL getrockneter Majoran
2 EL saure Sahne nach Belieben

1. Die Zwiebel abziehen und vierteln. In den Mixtopf geben, den Messbecher aufsetzen und 5 Sekunden/Stufe 5 zerkleinern. Mit dem Spatel nach unten schieben, das Öl dazugeben und 4 Minuten/120 °C/Stufe 1 andünsten.
2. Die Möhren putzen, schälen, waschen und grob in Stücke schneiden. Das Sauerkraut aus der Dose in das Garkörbchen geben und abtropfen lassen. Den Kümmel mit einer Gabel unterheben und das Lorbeerblatt an die Seite stecken. Die Rostbratwürstchen in Scheiben schneiden und auf dem Kraut verteilen.
3. Die Möhren in den Mixtopf geben und 3 Sekunden/Stufe 5 zerkleinern (Messbecher!). Mit dem Spatel nach unten schieben und die Brühe angießen. Mit Majoran würzen.
4. Das Garkörbchen einhängen und das Ganze zugedeckt 17 Minuten/110 °C/ Stufe 0,5 garen.
5. Das Garkörbchen mithilfe des Spatels herausnehmen, das Lorbeerblatt entfernen und Sauerkraut und Würstchen auf 2 Teller verteilen. Mit der Möhrenbrühe begießen und nach Belieben je 1 Klecks saure Sahne obenauf setzen.

TIPP: Statt die Würstchen auf dem Sauerkraut zu dünsten, kann man sie auch in wenig Butter bei milder Hitze in einer Pfanne anbraten und anschließend in Scheiben schneiden.

Möhren-Kürbis-Lauch-Eintopf mit Reis

Thermomix®

Für 2 Portionen • Pro Portion: 424 kcal, 9 g E, 16 g F, 61 g KH

150 g Möhren
150 g Hokkaido-Kürbis
1 kleine Stange Lauch
10 g Kokosöl
125 g Basmatireis
100 ml Kokosmilch, fettreduziert
350 ml Gemüsebrühe
Salz, Pfeffer
1 TL Kurkuma
1 TL Garam Masala nach Belieben
Salz, Pfeffer

1. Die Möhren putzen, schälen, waschen und grob in Stücke schneiden. Die Kürbisschale gut waschen, sie wird mitverwendet. Die Kerne entfernen und das Fruchtfleisch grob zerschneiden. Den Lauch putzen, längs aufschlitzen, gründlich waschen und grob zerkleinern.
2. Den Lauch in den Mixtopf geben, den Messbecher aufsetzen und 3 Sekunden/Stufe 5 zerkleinern. Mit dem Spatel nach unten schieben. Das Kokosöl dazugeben und 3 Minuten/120 °C/Stufe 0,5 andünsten.
3. Die Möhren- und Kürbisstücke in den Topf geben und 3 Sekunden/Stufe 5 zerkleinern.
4. Reis, Kokosmilch, Brühe und Gewürze (Garam Masala nach Belieben – es sorgt für einen indischen Touch) in den Topf geben und alles 12 Minuten/100 °C/ Stufe 0,5 linksdrehend garen.
5. Eintopf mit Salz und Pfeffer abschmecken, auf 2 Tellern anrichten und gleich heiß servieren.

TIPP: Für ein Eintopfgericht macht es Sinn, den Reis gleich mitzukochen. Wenn Sie – wie auf dem Foto – den Reis getrennt dazu reichen wollen, bereiten Sie ihn zuerst im Gareinsatz vor (siehe Thermomix®: Das Kochbuch). Während der Kochzeit können Sie alles für den Eintopf vorbereiten und dann den Reis in einem hitzebeständigen Gefäß zugedeckt im Backofen bei 100 °C (Umluft 80 °C) warm halten.

Sauerkrautsuppe mit Möhren und Graupen

Thermomix® + Varoma

Für 2 Portionen • Pro Portion: 443 kcal, 10 g E, 18 g F, 59 g KH

1 Zwiebel
200 g Möhren
200 g Kartoffeln
1 EL Rapsöl
100 g Perlgraupen
1 l Gemüse- oder Fleischbrühe
300 g Sauerkraut frisch vom Markt oder aus der Dose
½ TL Kümmel
Salz, Pfeffer
100 ml saure Sahne nach Belieben

1. Die Zwiebel abziehen und vierteln. Die Möhren putzen, schälen, waschen und – wenn Sie im Thermomix® zerkleinert werden sollen – in Stücke schneiden. Sonst mit einem Julienneschneider in Streifen schneiden. Die Kartoffeln schälen, waschen und in 1,4 cm große Würfel schneiden und in den Varoma legen.
2. Die Möhrenstücke in den Mixtopf geben, Messbecher aufsetzen und 5 Sekunden/Stufe 5 zerkleinern. In eine Schüssel umfüllen und beiseitestellen.
3. Zwiebel und Rapsöl in den Mixtopf geben, den Messbecher aufsetzen und 5 Sekunden/Stufe 5 zerkleinern. Mit dem Spatel nach unten schieben und 3 Minuten/120 °C/Stufe 1 andünsten.
4. Die Graupen einwiegen, die Brühe dazugießen. Den Varoma mit den Kartoffeln aufsetzen und alles 10 Minuten/Varoma/Stufe 0,5 garen. Das Sauerkraut mit einer Gabel zerpflücken und zusammen mit den Möhren und dem Kümmel in den Mixtopf geben. Weitere 10 Minuten/Varoma/Stufe 0,5 linksdrehend fertig garen.
5. Suppe mit Salz und Pfeffer abschmecken. Die Kartoffeln auf 2 Teller verteilen, die Suppe darüberschöpfen und eventuell die saure Sahne getrennt dazu reichen.

TIPP: Wenn Sie es mal ganz rustikal mögen, macht sich etwas Wurst, zum Beispiel pro Portion 1 Mettwurst, hervorragend in dieser Suppe. Die Würste einfach zu den Kartoffeln in den Varoma geben, kurz vor Ende der Garzeit herausnehmen und in Scheiben schneiden.

Pastinaken und Petersilienwurzel

Die Pastinake gab es schon in der Jungsteinzeit, wie Funde belegen. Vermutlich ist sie eine Kreuzung aus Möhre und Petersilie. Sie ist nur etwas für den geduldigen Landwirt, braucht sie doch mehr als ein halbes Jahr bis zur Ernte, die nach dem ersten Frost ist. In vielen Ländern gilt sie als Feinschmeckergemüse.

Dass man die Wurzeln des beliebten Küchenkrauts Petersilie auch essen kann, wussten schon die altgriechischen Ärzte, die sie als harntreibendes und blutreinigendes Mittel einsetzten. Wir schätzen die Petersilienwurzel nicht nur als Beigabe zum Suppengrün, sondern auch wegen ihres hohen Eiweiß-, Folsäure- und Kalziumgehalts.
Petersilienwurzeln und Pastinaken sehen sich sehr ähnlich. Der Unterschied ist dort erkennbar, wo oben das Kraut ansetzt: Bei Pastinaken ist da eine Vertiefung, während die Petersilienwurzel sich leicht ausstülpt. Letztere sind meist auch schlanker und heller. Wenn Sie mal im Supermarkt zur »falschen« Wurzel gegriffen haben, kein Problem – sie schmecken beide ähnlich. Daher können Sie auch alle Pastinakenrezepte mit Petersilienwurzel zubereiten und umgekehrt. Oder einfach mal beide gleichzeitig in einen Topf werfen – sie vertragen sich bestimmt.

Currylinsen mit Petersilienwurzel

Thermomix®
Für 4 Portionen • Pro Portion: 255 kcal, 17 g E, 5 g F, 34 g KH

300 g Petersilienwurzeln
1 kleine rote Paprikaschote
2 Stängel glatte Petersilie
1 Knoblauchzehe oder 1 Stück Ingwer (haselnussgroß), wenn Sie wollen, auch beides
1 TL Madras-Currypulver
½ TL Kurkuma
15 g Kokosöl oder 1 EL Rapsöl
1 l Gemüsebrühe
200 g rote oder gelbe Linsen
Salz, Pfeffer

1. Die Petersilienwurzeln putzen, schälen, waschen und in Stücke schneiden. Die Paprikaschote putzen, waschen und grob zerteilen. Die Petersilie waschen, trockenschütteln und die Blätter von den Stielen zupfen. Knoblauch oder Ingwer schälen.
2. Petersilienwurzel und Knoblauch (oder Ingwer) in den Mixtopf geben, den Messbecher aufsetzen und 6 Sekunden/Stufe 5 zerkleinern.
3. Die Gewürze und das Kokosöl dazugeben und 3 Minuten/120 °C/Stufe 0,5 andünsten.
4. Brühe, Paprika und Linsen dazugeben und alles zugedeckt 10 Minuten/100 °C/Stufe 1 kochen. Dann die Hitze reduzieren und 30 Minuten/85 °C/Stufe 0,5 weiterkochen, bis die Linsen fast zerfallen sind.
5. Eintopf mit Salz und Pfeffer abschmecken, auf 4 Teller verteilen und mit den Petersilienblättern garniert servieren.

Wintercremesuppe mit Pastinaken und Topinambur

Thermomix®

Für 4 Portionen • Pro Portion: 234 kcal, 5 g E, 17 g F, 15 g KH

1 Zwiebel
1–2 Knoblauchzehen
300 g Pastinaken
200 g Topinambur (ersatzweise Kartoffeln)
2 Stängel glatte Petersilie
15 g Kokosöl
1 l Gemüsebrühe
250 ml Reis- oder Kokos-Cuisine
Salz, Pfeffer
4 TL Lein- oder Nussöl
20 g Sonnenblumenkerne

1. Die Zwiebel abziehen und vierteln. Die Knoblauchzehen schälen. Pastinaken und Topinambur schälen, waschen und grob zerschneiden. Die Petersilie waschen, trockenschütteln, die Blätter von den Stängeln zupfen und hacken.
2. Zwiebel und Knoblauch in den Mixtopf geben, den Messbecher aufsetzen und 5 Sekunden/Stufe 5 zerkleinern. Mit dem Spatel nach unten schieben und das Kokosöl dazugeben. 3 Minuten/120 °C/Stufe 0,5 andünsten.
3. Pastinaken und Topinambur in den Mixtopf geben und zugedeckt 4 Sekunden/Stufe 5 zerkleinern.
4. Die Brühe dazugießen und Gemüse mit dem Garkörbchen abgedeckt in 15 Minuten/100 °C/Stufe 1 weich kochen. Dann Suppe 25 Sekunden/Stufe 5–8 ansteigend pürieren.
5. Die Reis- oder Kokos-Cuisine mit dem Spatel einrühren, Suppe mit Salz und Pfeffer abschmecken und kurz 6 Sekunden/Stufe 4 durchmischen.
6. Suppe auf 4 Teller verteilen, mit Leinöl beträufeln und mit Petersilie und Sonnenblumenkernen bestreut servieren.

INFO: Topinambur, die kohlenhydratverträglichen Knollen für Diabetiker, gelten mittlerweile als Delikatesse. Auch sie sind ein wintertypisches Gemüse, das Sie meist auf Wochenmärkten bekommen. Die kalorienarmen Knollen sollten beim Einkauf eine glänzende, glatte Schale haben.

TIPP: Nichtvegetarier können, während die Suppe kocht, 8 Scheiben Bacon in einer beschichteten Pfanne mit ganz wenig Fett knusprig braten, auf Küchenpapier abtropfen lassen und zum Schluss dekorativ über die Suppe legen.

Pastinaken-Möhren-Eintopf mit Gnocchi und Pute

Thermomix®

Für 2 Portionen • Pro Portion: 401 kcal, 25 g E, 16 g F, 40 g KH

1 kleine Stange Lauch
1 EL Rapsöl
100 g Möhren
250 g Pastinaken
150 g Putenschnitzel
100 g Gnocchi (aus dem Kühlregal)
400 ml Geflügelbrühe oder -fond
2 Stängel glatte Petersilie
75 ml Sahne zum Kochen
Salz, Pfeffer
Zitronensaft nach Belieben

1. Den Lauch putzen, längs aufschlitzen und gründlich waschen. Grob in Stücke schneiden, dabei viel vom dunklen Grün verwenden. In den Mixtopf geben, den Messbecher aufsetzen und 3 Sekunden/Stufe 5 zerkleinern. Mit dem Spatel nach unten schieben, das Öl dazugeben und 4 Minuten/120 °C/Stufe 1 andünsten.
2. In der Zwischenzeit die Möhren und Pastinaken putzen, schälen, waschen und grob in Stücke schneiden. Das Putenschnitzel in Würfel schneiden und in das Garkörbchen geben. Die Gnocchi obenauf legen.
3. Möhren und Pastinaken in den Mixtopf geben und 3 Sekunden/Stufe 5 zerkleinern. Die Brühe angießen und das Garkörbchen einhängen. Das Ganze 20 Minuten/110 °C/Stufe 1 garen.
4. Die Petersilie waschen, trockenschütteln, die Blätter von den Stielen zupfen und hacken.

5. Das Garkörbchen mithilfe des Spatels herausnehmen und Putenfleisch und Gnocchi zum Eintopf geben. Die Sahne dazugießen und 3 Sekunden/Stufe 3 linksdrehend vermischen.
6. Eintopf mit Salz, Pfeffer und nach Belieben Zitronensaft abschmecken, auf 2 Teller verteilen und mit der Petersilie bestreut servieren.

Wintersuppe mit Sternanis

Thermomix®

Für 4 Portionen • Pro Portion: 233 kcal, 6 g E, 14 g F, 20 g KH

300 g Petersilienwurzeln
300 g Pastinaken
150 g Möhren
1 Zwiebel
4 Stängel glatte Petersilie
1 Tomate
1 EL Rapsöl
1 l Gemüsebrühe
2 Sternanis oder 1 TL Fenchelsamen
Salz, Pfeffer
etwas Zitronensaft
200 ml saure Sahne

1. Petersilienwurzeln, Pastinaken und Möhren putzen, schälen, waschen und in grobe Stücke schneiden. Die Zwiebel abziehen und vierteln. Die Petersilie waschen, trockenschütteln, die Blätter von den Stielen zupfen und hacken. Die Tomate waschen, halbieren, den Stielansatz herausscheiden, die Kerne entfernen und das Fruchtfleisch würfeln.
2. Zwiebel und Rapsöl in den Mixtopf geben, den Messbecher aufsetzen und 5 Sekunden/Stufe 5 zerkleinern. Mit dem Spatel nach unten schieben und 3 Minuten/120 °C/Stufe 0,5 andünsten.
3. Das vorbereitete Gemüse (außer der Tomate) in den Topf geben und 6 Sekunden/Stufe 5 zerkleinern. Die Brühe angießen, Sternanis oder Fenchelsamen dazugeben und alles 15 Minuten/100 °C/Stufe 1,5 kochen.
4. Sternanis herausfischen (Fenchelsamen können drinbleiben) und die Suppe 20 Sekunden/Stufe 5–7 ansteigend pürieren. Mit Salz, Pfeffer und Zitronensaft abschmecken.

5. Die saure Sahne und die Tomatenwürfel in die Suppe geben und 4 Sekunden/ Stufe 4 (Messbecher! Es spritzt!) einrühren.
6. Suppe auf 4 Teller verteilen und mit der Petersilie bestreut servieren.

Petersilienwurzel-Pastinaken-Suppe mit Nüssen

Thermomix® + Pfanne
Für 2 Portionen • Pro Portion: 255 kcal, 6 g E, 18 g F, 16 g KH

125 g Petersilienwurzeln
125 g Pastinaken
2 Schalotten
150 g Salatgurke
1 EL Rapsöl
250 ml Gemüsebrühe
2 Stängel glatte Petersilie
20 g gehackte Haselnüsse
250 ml Mandelmilch
Salz, Pfeffer

1. Die Petersilienwurzeln und die Pastinaken putzen, schälen, waschen und grob in Stücke schneiden. Die Schalotten abziehen und halbieren. Die Salatgurke schälen, längs halbieren, die Kerne herauskratzen und das Fruchtfleisch in Stücke schneiden.
2. Die Schalotten mit dem Rapsöl in den Mixtopf geben und 3 Sekunden/Stufe 5 zerkleinern (Messbecher aufsetzen!). Mit dem Spatel nach unten schieben und 3 Minuten/120 °C/Stufe 1 andünsten.
3. Die Petersilienwurzeln, Pastinaken und Gurke dazugeben und 5 Sekunden/Stufe 6 zerkleinern. Nach unten schieben, die Brühe angießen und Gemüse in 8 Minuten/100 °C/Stufe 1 weich kochen.
4. In der Zwischenzeit die Petersilie waschen, trockenschütteln, die Blätter von den Stielen zupfen und hacken. Die Haselnüsse in einer beschichteten Pfanne ohne Fett goldgelb rösten und beiseitestellen.

5. Die Suppe 35 Sekunden/Stufe 5–7 ansteigend fein pürieren. Die Mandelmilch dazugeben und alles zusammen 3 Minuten/100 °C/Stufe 0,5 erhitzen. Mit Salz und Pfeffer abschmecken.
6. Suppe auf 2 Teller verteilen, mit den Haselnüssen bestreuen und mit Petersilie dekoriert servieren.

Pastinakensuppe mit Sprossen

Thermomix®
Für 4 Portionen • Pro Portion: 277 kcal, 6 g E, 11 g F, 38 g KH

1 kg Pastinaken oder Petersilienwurzeln
100 g Kartoffeln
1 große Zwiebel
1 EL Rapsöl
1,2 l Gemüsebrühe
100 g Sprossen, z. B. Alfalfa- oder Rettichsprossen
150 ml Sojasahne
Salz, Pfeffer
Zitronensaft

1. Die Pastinaken oder Petersilienwurzeln und die Kartoffeln putzen, schälen, waschen und grob in Stücke schneiden. Die Zwiebel abziehen und vierteln.
2. Die Zwiebel mit dem Öl in den Mixtopf geben, den Messbecher aufsetzen und 5 Sekunden/Stufe 5 zerkleinern. Mit dem Spatel nach unten schieben und 3 Minuten/120 °C/Stufe 0,5 andünsten.
3. Pastinaken, Kartoffeln und Brühe in Topf geben und mit dem Garkörbchen abgedeckt (es kann spritzen!) 20 Minuten/90 °C/Stufe 1 kochen.
4. In der Zwischenzeit die Sprossen waschen und gut abtropfen lassen.
5. Die Suppe 45 Sekunden/Stufe 5–8 ansteigend fein pürieren, die Sahne unterrühren und mit Salz, Pfeffer und Zitronensaft abschmecken. Auf die Teller verteilen und mit den Sprossen bestreut servieren.

TIPP: **Toll schmeckt auch, wenn Sie pro Portion 1 EL Leinöl über die Suppe träufeln. Das ist gesund und das nussige Aroma gibt den Pastinaken eine exquisite Note.**

INFO: **Wenn Sie das Gericht statt mit Pastinaken mit Petersilienwurzeln zubereiten, kommen Sie pro Portion auf 227 kcal, 10 g E, 11 g F und 23 g KH.**

Pastinakengratin

Thermomix® + Backofen

Für 2 Portionen • Pro Portion: 453 kcal, 25 g E, 20 g F, 43 g KH

600 g Pastinaken
3 Lauchzwiebeln
2 Stängel Thymian
etwas Fett für die Form
75 g Bergkäse
150 ml Joghurt
100 g Magerquark
1 Ei, Größe M
Salz, Pfeffer

1. Den Backofen auf 180 °C (Umluft 160 °C) vorheizen.
2. Die Pastinaken putzen, schälen, waschen und grob in Stücke schneiden. Die Lauchzwiebeln putzen, waschen und quer vierteln. Thymian waschen, trockenschütteln und die Blättchen gegen die Wuchsrichtung vom Stiel streifen.
3. Pastinaken und Lauchzwiebeln in den Mixtopf geben, Messbecher aufsetzen und 6 Sekunden/Stufe 5 zerkleinern. In eine gefettete Auflaufform (ca. 24 cm Durchmesser) geben.
4. Den Bergkäse in 2 cm große Würfel schneiden und 8 Sekunden/Stufe 8 im Mixtopf zerkleinern (Messbecher aufsetzen!). Joghurt, Magerquark, Ei, Salz, Pfeffer und Thymian dazugeben und 12 Sekunden/Stufe 3 verrühren.
5. Die Quarkmasse auf den Pastinaken verteilen und das Gratin auf der mittleren Schiene im vorgeheizten Backofen 25–30 Minuten goldgelb backen.

Kichererbseneintopf mit Petersilienwurzel und Chorizo

Thermomix® + Pfanne

Für 4 Portionen • Pro Portion: 464 kcal, 20 g E, 30 g F, 28 g KH

2 rote Zwiebeln
½–1 TL Peperoncino-Gewürz
2 EL Olivenöl
400 g Petersilienwurzel
1 EL Paprikpulver edelsüß
400 ml Gemüsebrühe
1 rote Paprikaschote
200 g Chorizo
4 Stängel glatte Petersilie
1 Dose Kichererbsen (265 g Abtropfgewicht)
1 Dose gehackte Tomaten (400 g Füllmenge)
Balsamessig nach Belieben

1. Die Zwiebeln abziehen und vierteln. In den Mixtopf geben, Messbecher aufsetzen und 5 Sekunden/Stufe 5 zerkleinern. Mit dem Spatel nach unten schieben, Peperoncino-Gewürz und 1 EL Olivenöl dazugeben und 4 Minuten/120 °C/Stufe 1 andünsten.
2. In der Zwischenzeit die Petersilienwurzeln putzen, schälen, waschen und grob in Stücke schneiden. In den Mixtopf geben und 3 Sekunden/Stufe 5 zerkleinern. Mit dem Spatel nach unten schieben und Paprikapulver und Gemüsebrühe dazugeben. 12 Minuten/100 °C/Stufe 2 kochen.
3. Währenddessen die Paprikaschote putzen, waschen und in Würfel schneiden. Die Wurst in Scheiben schneiden. Das restliche Öl in einer beschichteten Pfanne erhitzen und Paprika und Chorizo unter häufigem Rühren anbraten.
4. Die Petersilie waschen, trockenschütteln und die Blätter von den Stielen zupfen. Die Kichererbsen durch ein Sieb abgießen und kalt abbrausen.

5. Kichererbsen und gehackte Tomaten zum Eintopf geben und mit dem Spatel unterheben. 2 Minuten/100 °C/Stufe 2 linksdrehend erwärmen.
6. Eintopf mit Balsamessig nach Belieben abschmecken, auf 4 Teller verteilen, die Chorizoscheiben daraufgeben und mit den Petersilienblättern bestreut servieren.

TIPP: **Zur Abwechslung können Sie diesen Eintopf statt der Kichererbsen auch mal mit weißen Bohnen oder Kidneybohnen zubereiten. Vegetarier und Veganer nehmen statt der Wurst Räuchertofu und braten ihn zusammen mit den Paprikawürfeln an.**

Wurzelbrot

Thermomix® + Backofen

Für 1 Brot oder 4 Wecken (ca. 1,1, kg) • Pro 100 g: 202 kcal, 8 g E, 3 g F, 37 g KH

150 g Dinkelmehl (Type 1050)
350 g Weizenmehl (Type 550)
½ Würfel frische Hefe
Sauerteigextrakt für ½ kg Mehl (Trockenprodukt)
1 TL Salz
1 EL Kümmel
1 EL Fenchelsamen
1 TL gemahlener Koriander
¼ l Wasser
100 g Petersilienwurzel
100 g Knollensellerie
100 g Möhren
3 Lauchzwiebeln
1 EL Rapsöl
etwas Mehl für die Arbeitsfläche
etwas Wasser zum Bestreichen

1. Die beiden Mehle in den Mixtopf geben, Hefe, Sauerteigextrakt, Gewürze und Wasser dazugeben und 2 Minuten/Knetstufe zu einem glatten Teig verarbeiten.
2. Teig herausnehmen und an einem warmen Ort 30 Minuten gehen lassen. Den Mixtopf nur säubern, wenn Teigreste drinnen kleben. Den Backofen auf 250 °C (Umluft 230 °C) vorheizen.
3. In der Zwischenzeit Petersilienwurzel, Knollensellerie und Möhren putzen, schälen, waschen und grob in Stücke schneiden. Die Lauchzwiebeln putzen, waschen und vierteln.
4. Gemüse mit dem Öl in den Mixtopf geben, den Messbecher aufsetzen und 5 Sekunden/Stufe 5 zerkleinern. Mit dem Spatel nach unten schieben und 3 Minuten/120 °C/Stufe 1,5 andünsten. In eine Schüssel umfüllen.

5. Den Teig auf der bemehlten Arbeitsfläche durchkneten und in 2 Hälften teilen. Eine Hälfte mit dem Gemüse verkneten und einen länglichen Laib formen. Die andere Hälfte ausrollen und die Gemüse-Teig-Rolle darin einschlagen (»Calzone«). An den Rändern mit den Fingern fest zusammendrücken. Nochmals 10 Minuten gehen lassen.
6. Ein Backblech mit Backpapier auslegen, das Wurzelbrot darauflegen, mit Wasser bestreichen und im Ofen 5 Minuten bei 250 °C vorbacken. Anschließend bei 180 °C 25 Minuten goldgelb backen.
7. Brot auf dem Grillrost etwas auskühlen lassen und lauwarm zum Beispiel zu einem Salat genießen.

INFO: **Der Sauerteig macht seinem Namen alle Ehre, denn er greift nicht beschichtete Alu-Backformen an. Deshalb unbedingt Backpapier oder ein emailliertes Blech verwenden.**

TIPP: **Statt eines ganzen Brotes können Sie auch 4 kleinere Wecken formen – die lassen sich dann auch gut einfrieren oder für einen Imbiss mitnehmen.**

Rosenkohl

Rosenkohl ist ein vielseitiges Wintergemüse, dem allerlei Heilkraft zugesprochen wird. So sollen uns die niedlichen Röschen vor Erkältungen schützen und wegen ihres hohen Vitalstoffgehalts auch gut gegen Arthritis helfen.

Rosenkohl liebt den Winter. Am besten schmeckt er, wenn man ihn nach dem ersten Frost erntet – was in den letzten Jahren aufgrund der Temperaturen nicht immer befolgt werden konnte. Durch die Kälte wird die Zuckerproduktion angeregt, wodurch der bittere Geschmack vergeht und der Rosenkohl sein herb-süßliches Aroma bekommt.

Für Vegetarier und Veganer wichtig: Mit 4,5 g/100 g enthalten Kohlsprossen (wie das Gemüse in Österreich genannt wird) mehr Eiweiß als andere Kohlsorten. Dazu kommen noch 2 mg/100 g Eisen, die bei fleischloser Ernährung auch zur Blutbildung beitragen. Rosenkohl wird meist nur als Beilage auf den Tisch gebracht. Dabei kann er durchaus auch eine Hauptrolle spielen in leckeren Suppen und Eintöpfen, wo er sich bestens verträgt mit Speck, Würstchen oder Geflügel. Die ebenfalls winterlichen Zutaten wie Maronen und Pilze mildern den etwas bitteren Kohlgeschmack ab.

Bei der Zubereitung hat man kurz Arbeit mit dem Putzen: Schneiden Sie erst die Strünke ab, entfernen dann die äußeren Blättchen und waschen die Röschen in einem Sieb unter fließendem Wasser. Fertig.

Rosenkohleintopf mit Würstchen

Thermomix® + Varoma

Für 4 Portionen • Pro Portion: 413 kcal, 20 g E, 25 g F, 24 g KH

1 kg Rosenkohl
300 g festkochende Kartoffeln
2 Zwiebeln
2 EL Rapsöl
500 ml Gemüsebrühe
4 Wiener Würstchen
150 g Crème fraîche
Salz, Pfeffer
nach Belieben geriebene Muskatnuss und Zitronensaft

1. Rosenkohl putzen, am Strunk kreuzweise einschneiden, waschen und größere Exemplare halbieren. In das Garkörbchen geben. Die Kartoffeln schälen, waschen, in mundgerechte Würfel schneiden und in den Varoma legen.
2. Die Zwiebeln abziehen und vierteln. Zusammen mit dem Öl in den Mixtopf geben, den Messbecher aufsetzen und 5 Sekunden/Stufe 5 zerkleinern. Mit dem Spatel nach unten schieben und 3 Minuten/120 °C/Stufe 1,5 andünsten.
3. Brühe in den Mixtopf geben, das Garkörbchen mit dem Rosenkohl einhängen und den Varoma mit den Kartoffeln aufsetzen. Nach Belieben die Würstchen im Ganzen oder in Scheiben geschnitten in den Einlegeboden geben, zudecken und alles 17 Minuten/Varoma/Stufe 0,5 garen.
4. Varoma und Garkörbchen beiseitestellen und die Crème fraîche in den Mixtopf geben und 5 Sekunden/Stufe 3 in die Brühe rühren. Mit Salz und Pfeffer würzen und nach Belieben mit Muskatnuss und Zitronensaft pikant abschmecken.
5. Rosenkohl, Kartoffeln und Würstchen auf 4 Teller verteilen und mit der Brühe begießen.

Rosenkohleintopf mit Möhren und Pinienkernen

Thermomix® + Pfanne

Für 2 Portionen • Pro Portion: 300 kcal, 9 g E, 23 g F, 14 g KH

1 kleine Zwiebel
3 Stängel glatte Petersilie
150 g Möhren
200 g Rosenkohl
1 EL Rapsöl
400 ml Gemüsebrühe
20 g Pinienkerne
100 ml Soja-Cuisine
Salz, Pfeffer
etwas Zitronen- oder Orangensaft zum Abschmecken

1. Die Zwiebel abziehen und halbieren. Die Petersilie waschen und gut trockenschütteln. Von 2 Stängeln die Blätter abzupfen. Die Möhren putzen, schälen, waschen und in etwa ½ cm breite Scheiben schneiden. Den Rosenkohl putzen und waschen. Größere Exemplare halbieren.
2. Zwiebel und Petersilienblätter mit dem Öl in den Mixtopf geben, mit dem Messbecher verschließen und 3 Sekunden/Stufe 5 zerkleinern. Mit dem Spatel nach unten schieben und 3 Minuten/120 °C/Stufe 1 andünsten. Die Gemüsebrühe angießen.
3. Möhrenscheiben und Rosenkohl im Garkörbchen in den Mixtopf einsetzen und das Ganze 20 Minuten/100 °C/Stufe 1 garen.
4. In der Zwischenzeit die Blätter vom übrigen Petersilienstängel zupfen und fein hacken. Die Pinienkerne in einer beschichteten Pfanne ohne Fett hellgelb rösten.

5. Das Garkörbchen herausnehmen und beiseitestellen. Die Soja-Cuisine in die Brühe gießen, den Messbecher aufsetzen und das Ganze 30 Sekunden/Stufe 5–8 ansteigend fein pürieren. Mit Salz, Pfeffer und – nach Belieben – etwas Zitronen- oder Orangensaft abschmecken.
6. Das Gemüse in den Topf geben und noch 1 Minute/100 °C/Stufe 1 linksdrehend verrühren. Eintopf in 2 tiefen Tellern anrichten und mit den Pinienkernen und der gehackten Petersilie bestreut servieren.

Rosenkohl überbacken mit Speck

Thermomix® + Backofen

Für 2 Portionen • Pro Portion: 720 kcal, 36 g E, 56 g F, 13 g KH

50 g Parmesan
500 g Rosenkohl
1 l Wasser
je 1 Prise Salz und Zucker
½ Bio-Zitrone
150 g Ricotta
2 Eier, Größe M
Pfeffer
100 g Frühstücksspeck

1. Den Parmesan in den Mixtopf geben, Messbecher aufsetzen und 10 Sekunden/Stufe 10 zerkleinern. In eine kleine Schüssel umfüllen und beiseitestellen.
2. Den Rosenkohl waschen, putzen und größere Röschen halbieren. Wasser mit Salz, Zucker und Rosenkohl in den Mixtopf geben und 10 Minuten/100 °C/Stufe 0,5 linksdrehend kochen.
3. In der Zwischenzeit den Backofen auf 180 °C (Umluft 160 °C) vorheizen. Die Zitrone waschen, 1 EL Schale abraspeln und die halbe Frucht auspressen.
4. Den Rosenkohl durch ein Sieb abgießen und gut abtropfen lassen. In eine ofenfeste Form geben (ca. 24 cm Durchmesser) und mit der Zitronenschale vermischen.
5. Ricotta, Eier, Parmesan und Zitronensaft im Mixtopf 10 Sekunden/Stufe 3 verrühren, mit Salz und Pfeffer abschmecken und über den Rosenkohl geben.
6. Den Speck in Rechtecke schneiden und obenauf verteilen. Auflauf im vorgeheizten Backofen ca. 30–35 Minuten auf der mittleren Schiene backen, bis der Bacon schön knusprig ist. Gleich in der Form servieren.

TIPP: Wer Ingwer mag, kann gerne ein walnussgroßes Stück schälen, raspeln und zusammen mit der Zitronenschale unter den vorgekochten Rosenkohl mischen.

Geflügelcremesuppe mit Rosenkohl und Kräutern

Thermomix® + Varoma

Für 4 Portionen • Pro Portion: 231 kcal, 20 g E, 11 g F, 13 g KH

500 g Rosenkohl
200 g Hähnchenbrustfilet
Salz, Pfeffer
200 g Knollensellerie
40 g Butter
40 g Mehl
750 ml Geflügelbrühe (oder Geflügelfond)
2 EL gehackte TK-Kräuter (z. B. Petersilie und Dill)
50 ml Sahne zum Kochen
geriebene Muskatnuss
etwas Zitronensaft

1. Den Rosenkohl putzen, waschen und größere Röschen halbieren. In den Varoma legen.
2. Das Hähnchenbrustfilet in mundgerechte Würfel schneiden, salzen, pfeffern und in das Garkörbchen geben.
3. Knollensellerie putzen, waschen und grob zerkleinern.
4. Butter 2 Minuten/80 °C/Stufe 1 im Mixtopf schmelzen. Das Mehl dazugeben und 3 Minuten/100 °C/Stufe 1,5 andünsten.
5. Die Selleriestücke in den Topf geben und 5 Sekunden/Stufe 5 zerkleinern. Die Geflügelbrühe angießen, das Körbchen mit dem Fleisch einhängen, den Varoma aufsetzen und alles 20 Minuten/Varoma/Stufe 1 linksdrehend kochen.
6. Die TK-Kräuter zum Auftauen in eine kleine Schüssel geben. Wenn Sie frische Kräuter verwenden, diese waschen, trockenschütteln und die Blätter fein hacken.

7. Varoma abnehmen, Garkörbchen herausnehmen und beiseitestellen. Die Suppe 30 Sekunden/Stufe 5–7 ansteigend pürieren. Die Sahne mit dem Spatel einrühren, Suppe mit Salz, Pfeffer, Muskatnuss und Zitronensaft abschmecken.
8. Rosenkohl und Hähnchenfleisch zur Suppe geben und alles zusammen 1 Minute/100 °C/Stufe 1 linksdrehend erwärmen.
9. Suppe auf 4 Teller verteilen und mit den Kräutern bestreut servieren.

TIPP: **Ein besonders feines und etwas exotisches Aroma können Sie mit 1 Stängel Zitronengras in die Suppe zaubern. Den Stängel längs aufschlitzen und die harten äußeren Blätter abziehen. Stängel halbieren und in der Suppe mitkochen. Vor dem Pürieren aber herausfischen, da die Suppe sonst faserig wird.**

Maronen mit Rosenkohl in Kokossahne

Thermomix® + Varoma

Für 4 Portionen • Pro Portion: 360 kcal, 14 g E, 18 g F, 35 g KH

1 kg Rosenkohl
250 g Maronen (vakuumverpackt)
1 l Wasser
1 Zwiebel
1 EL Rapsöl
1 kleine Dose fettreduzierte Kokosmilch (160 g)
100 ml Kokos-Cuisine
Salz, Pfeffer
Zitronensaft
2 EL Kokosraspel nach Belieben

1. Den Rosenkohl putzen, waschen und größere Röschen halbieren. In den Varoma legen. Die Maronen auspacken und auf dem Rosenkohl verteilen.
2. Wasser in den Mixtopf geben, den Varoma aufsetzen, verschließen und Gemüse 30 Minuten/Varoma/Rührstufe dämpfen. Varoma abnehmen und beiseitestellen. Den Mixtopf ausleeren und abtrocknen.
3. Die Zwiebel abziehen und vierteln. Mit dem Öl in den Mixtopf geben, den Messbecher einsetzen und Zwiebel 5 Sekunden/Stufe 5 zerkleinern. Mit dem Spatel nach unten schieben und 3 Minuten/120 °C/Stufe 0,5 andünsten.
4. Kokosmilch und Kokos-Cuisine dazugießen. Rosenkohl und Maronen dazugeben und alles zusammen 4 Minuten/100 °C/ Stufe 1 linksdrehend vermischen. Mit Salz, Pfeffer und Zitronensaft abschmecken und nach Belieben mit Kokosraspeln bestreut servieren.

Rosenkohl-Süßkartoffel-Auflauf

Thermomix® + Backofen

Für 4 Portionen • Pro Portion: 459 kcal, 24 g E, 22 g F, 41 g KH

100 g Gouda oder Emmentaler
700 g Rosenkohl
2 Zwiebeln
5 Stängel glatte Petersilie
500 g Süßkartoffeln
etwas Fett für die Form
3 Eier, Größe M
200 ml Sahne zum Kochen
Salz, Pfeffer
geriebene Muskatnuss

1. Den Käse in den Mixtopf geben, Messbecher aufsetzen und 8 Sekunden/Stufe 8 zerkleinern. In eine kleine Schüssel umfüllen und beiseitestellen. Den Backofen auf 200 °C (Umluft 180 °C) vorheizen.
2. Rosenkohl putzen, waschen und größere Köpfchen halbieren. Im Mixtopf (mit Messbecher zudecken) 6 Sekunden/Stufe 5 zerkleinern. In eine Schüssel umfüllen.
3. Zwiebeln abziehen und vierteln. Petersilie waschen, trockenschütteln und die Blättchen von den Stielen zupfen. Süßkartoffeln schälen, waschen und grob zerschneiden. Zwiebeln, Petersilie und Süßkartoffel in den Mixtopf geben, abdecken und 5 Sekunden/Stufe 5 zerkleinern. Zum Rosenkohl geben, mit dem Spatel vermischen und in einer leicht gefetteten Auflaufform (ca. 20 x 20 cm im Quadrat oder ca. 26 cm Durchmesser) verteilen.
4. Eier, Sahne, geriebenen Käse im Mixtopf 4 Sekunden/Stufe 3 verrühren und mit Salz, Pfeffer und Muskatnuss abschmecken. Sahnesauce über das Gemüse geben und Auflauf im vorgeheizten Backofen auf der mittleren Schiene ca. 40–45 Minuten garen, bis das Gemüse weich ist. Gleich in der Form servieren.

Pilz-Sahne-Suppe mit Rosenkohl und Croûtons

Thermomix® + Varoma + Backofen

Für 4 Portionen • Pro Portion: 146 kcal, 10 g E, 7 g F, 11 g KH

2 Scheiben Toastbrot
250 g Rosenkohl
500 g Steinpilze, Austernpilze oder Champignons
2 Schalotten
1 EL Rapsöl
600 ml Gemüsebrühe
4 Stängel glatte Petersilie
200 ml Mandel- oder Sojamilch
50 ml Sojasahne
Salz, Pfeffer

1. Den Backofen auf 180 °C (Umluft 160 °C) einstellen. Das Toastbrot in Würfel schneiden, auf ein Backblech geben und 20 Minuten auf der mittleren Schiene hell backen.
2. Den Rosenkohl putzen, waschen, größere Röschen halbieren und in den Varoma legen. Die Pilze mit einer weichen Bürste oder mit Küchenpapier säubern und grob zerschneiden. Die Schalotten abziehen und halbieren.
3. Schalotten mit dem Öl in den Mixtopf geben, Messbecher aufsetzen und 3 Sekunden/Stufe 5 zerkleinern. Mit dem Spatel nach unten schieben und 3 Minuten /120 °C/Stufe 1 andünsten.
4. Pilze und Gemüsebrühe dazugeben, den Varoma aufsetzen und das Ganze 15 Minuten/Varoma/Stufe 1 kochen. In der Zwischenzeit die Petersilie waschen, trockenschütteln, die Blätter von den Stielen zupfen und hacken.
5. Den Varoma abnehmen und beiseitestellen und die Suppe 20 Sekunden/Stufe 5–6 ansteigend pürieren.

6. Die Mandel- oder Sojamilch und die Sojasahne mit dem Spatel in die Suppe einrühren, mit Salz und Pfeffer abschmecken. Petersilie und Rosenkohl dazugeben und 3 Minuten/100 °C/Stufe 1 linksdrehend vermischen.
7. Suppe auf 4 Teller verteilen und mit den Croûtons bestreut servieren.

Rote Bete

Der rote Farbstoff ist unschlagbar! Er verbessert die Zellatmung und steigert so die Leistungsfähigkeit. Er wirkt hohem Blutdruck entgegen, macht die Gallengänge frei und die Haut schön. Das enthaltene Betain sorgt außerdem für gute Laune, da es den Spiegel des Serotonins, unseres »Glückshormons«, steigern kann.
Unerklärlich ist daher, warum die Rote Bete meist so stiefmütterlich behandelt wird. Sie ist eines der gesündesten Gemüse überhaupt, schmeckt superlecker, sieht gut aus und ist anspruchslos bei der Zubereitung. Vielleicht liegt es daran, dass man sie in erster Linie aus dem Glas mit ziemlich saurer Marinade kennt. Oder irgendwie geraspelt in einem ansonsten farblosen Salat.
Ein kleines Hindernis ist allerdings zu überwinden, will man frische Rote Bete vom Markt auf den Teller bringen: Die Schale muss ab. Und da erweist sich der gesunde rote Saft als tückisch, denn er haftet lange an den Händen. Also: Einmalhandschuhe verwenden oder die Hände in kleinen Plastiktüten verstecken.
Rote Bete wird auch vorgegart, geschält und vakuumverpackt in den Gemüseabteilungen der Supermärkte angeboten. Diese Knollen eignen sich sicher gut, wenn man mal schnell einen Salat zubereiten will. Unsere Rezepte für den Thermomix® sind jedoch auf frische Ware abgestimmt und die übrigen Zutaten kochen gleichzeitig mit den Roten Beten.

Rote-Bete-Risotto

Thermomix®
Für 4 Portionen • Pro Portion: 448 kcal, 12 g E, 16 g F, 63 g KH

40 g Parmesan
2 Schalotten
250 g frische Rote Bete
1 EL Olivenöl
300 g Risottoreis (zum Beispiel Arborio oder Vialone)
725 ml Gemüsebrühe oder Gemüsefond
Salz, Pfeffer
40 g Butter
nach Belieben 2 EL gehackte glatte Petersilie

1. Den Parmesan in den Mixtopf geben, den Messbecher aufsetzen und 10 Sekunden/Stufe 10 zerkleinern. In eine kleine Schüssel umfüllen und beiseitestellen.
2. Die Schalotten abziehen und halbieren. Die Roten Beten schälen (am besten mit Einmalhandschuhen, damit die rote Farbe nicht an den Händen bleibt) und grob in Stücke schneiden.
3. Die Schalotten in den Mixtopf geben, den Messbecher aufsetzen und 3 Sekunden/Stufe 5 zerkleinern. Mit dem Spatel nach unten schieben und den Vorgang wiederholen. Das Öl dazugießen und 3 Minuten/120 °C/Stufe 0,5 andünsten.
4. Die Roten Beten in den Mixtopf geben und 5 Sekunden/Stufe 5 zerkleinern (Messbecher!). Den Reis dazugeben und das Ganze 3 Minuten/100 °C/Stufe 1 linksdrehend andünsten.
5. 100 ml Brühe angießen und Reis 1 Minute/100 °C/Stufe 1 linksdrehend quellen lassen. Die restliche Brühe dazugeben, den Gareinsatz als Spritzschutz aufsetzen und alles 13 Minuten/100 °C/Stufe 1 linksdrehend garen.
6. Anschließend Risotto 1 Minute im Topf quellen lassen. Mit Salz und Pfeffer abschmecken. Die Butter und den Parmesan dazugeben, mit dem Spatel unterrühren und 10 Sekunden/Stufe 1 linksdrehend vermischen.
7. Risotto auf 4 Teller verteilen und nach Belieben mit Petersilie bestreut servieren.

INFO: Damit ein Risotto schön cremig wird, braucht man den richtigen Reis. Denn mit Milchreis, körnigem Basmati oder Paellareis wird das nichts. Die am häufigsten verwendeten Sorten kommen alle aus der Po-Ebene: Arborio, Carnaroli und Vialone. Alle drei brauchen etwa 15 Minuten Garzeit, verkleben nicht und bleiben trotz ihrer Cremigkeit al dente.

Rote-Bete-Eintopf mit Wurzelgemüse und Bohnen

Thermomix®

Für 4 Portionen • Pro Portion: 138 kcal, 6 g E, 4 g F, 19 g KH

200 g frische Rote Bete
200 g Möhren
100 g Pastinaken
1 Stück Ingwer (haselnussgroß)
2 Knoblauchzehen
750 ml Gemüsebrühe
2 Stängel glatte Petersilie
1 kleine Dose weiße Bohnen (ca. 250 g Abtropfgewicht)
Salz, Pfeffer

1. Die Roten Beten schälen (am besten Einmalhandschuhe anziehen, sonst bleiben die Finger noch stundenlang rot) und in etwa 2 cm große Stücke schneiden. Möhren und Pastinaken putzen, schälen, waschen und ebenfalls in Stücke schneiden. Den Ingwer schälen und vierteln, die Knoblauchzehen abziehen.
2. Ingwer und Knoblauch in den Mixtopf geben, den Messbecher aufsetzen und 3 Sekunden/Stufe 4 zerkleinern. Mit dem Spatel nach unten schieben.
3. Das Gemüse dazugeben. Die Brühe angießen und alles zugedeckt 20 Minuten/100 °C/Rührstufe kochen.
4. In der Zwischenzeit die Petersilie waschen, trockenschütteln, die Blättchen von den Stielen zupfen und hacken. Die Bohnen in ein Sieb geben, kalt abbrausen und abtropfen lassen.
5. Das Gemüse in der Brühe 3 Sekunden/Stufe 4 etwas zerkleinern und Eintopf mit Salz und Pfeffer abschmecken, die Bohnen dazugeben und 2 Minuten/100 °C/ Stufe 1 linksdrehend erwärmen.
6. Eintopf auf die Teller verteilen und mit der Petersilie bestreut servieren.

TIPP 1: Wenn Sie es lieber noch cremiger haben möchten, dann pürieren Sie den Eintopf, sobald die Bohnen warm sind, 40 Sekunden/Stufe 4–7 ansteigend.

TIPP 2: Wer gerne schärfer und gehaltvoller isst, kann 1 EL Meerrettich (aus dem Glas) oder ½–1 TL Wasabi in den Eintopf geben. Zusammen mit den Bohnen können Sie auch 1 Paar Wiener Würstchen (in Scheiben geschnitten) im Eintopf erwärmen.

Rote-Bete-Torte

Thermomix® + Backofen

Für 4–6 Portionen • Pro Portion (bei 4 Portionen): 746 kcal, 29 g E, 47 g F, 52 g KH

Für den Mürbeteig:
200 g Weizenmehl
100 g Butter
1 Ei, Größe M
1 Prise Salz
etwas Mehl für die Arbeitsfläche

Für den Belag:
150 g Bergkäse, Beemster oder anderer würziger Käse
2 rote Zwiebeln
2 Knoblauchzehen
500 g frische Rote Bete
1 TL Kümmel
etwas Fett für die Form
150 ml fettarme Milch
3 Eier, Größe M
Salz, Pfeffer
50 g Mandelstifte

1. Alle Zutaten für den Teig in den Mixtopf geben und 15 Sekunden/Stufe 4 vermischen. Teig auf die leicht bemehlte Arbeitsfläche schütten und rasch mit den Händen zu einer Kugel formen. In Klarsichtfolie gewickelt ½ Stunde im Kühlschrank ruhen lassen. Den Mixtopf spülen und abtrocknen.
2. Den Backofen auf 180 °C (Umluft 160 °C) vorheizen. Den Käse in grobe Würfel schneiden, in den Mixtopf geben, den Messbecher aufsetzen und 5 Sekunden/Stufe 8 raspeln. In eine kleine Schüssel umfüllen und beiseitestellen.
3. Zwiebel abziehen und vierteln. Knoblauchzehen schälen. Die Roten Beten putzen, dünn abschälen und grob würfeln. (Mit Einmalhandschuhen arbeiten, damit die Hände nicht rot bleiben!)

4. Zwiebel, Knoblauch, Rote Beten und Kümmel in den Mixtopf geben und 3 Sekunden/Stufe 4 zerkleinern. Die Hälfte vom Käse dazugeben und 3 Sekunden/Stufe 3 unterrühren.
5. Eine leicht gefettete Springform (ca. 25 cm Durchmesser) mit dem Teig auskleiden und dabei den Teig am Rand bis zur Kante hochziehen Den Teigboden mit einer Gabel einige Mal einstechen. Die Rote-Bete-Mischung darauf verteilen.
6. Milch, Eier, restlichen Käse, Salz und Pfeffer in den Mixtopf geben und 6 Sekunden/Stufe 3 verquirlen. Das Gemüse damit begießen, die Masse leicht mit einer Gabel unterheben und die Torte mit den Mandelstiften bestreuen.
7. Torte im vorgeheizten Backofen auf der mittleren Schiene 45 Minuten backen, bis der Teig an den Rändern goldgelb ist und die Mandeln Färbung zeigen. Im abgeschalteten Ofen noch mindestens 5 Minuten ruhen lassen, damit sich der ausgetretene Saft der Roten Beten etwas setzen kann. Heiß oder lauwarm servieren.

Rote-Bete-Hummus

Thermomix®
Für 2 Portionen als Hauptgericht oder 4 Portionen als Vorspeise •
Pro Portion (als Hauptgericht): 379 kcal, 13 g E, 19 g F, 39 g KH

300 g frische Rote Bete
2 Knoblauchzehen
1 Dose Kichererbsen (265 g Abtropfgewicht)
½ Orange (am besten Blutorange)
1 TL gemahlener Kreuzkümmel
2 EL Olivenöl
Salz, Pfeffer
2 Stängel glatte Petersilie

1. Die Roten Beten putzen, schälen und grob würfeln. (Am besten Einmalhandschuhe anziehen, sonst bleiben die Hände für Stunden rot.)
2. Die Knoblauchzehen abziehen. Die Kichererbsen durch ein Sieb abgießen und kalt abbrausen. Eventuell einige Erbsen zum Garnieren herausnehmen und beiseitestellen. Die halbe Orange auspressen.
3. Die Roten Beten mit dem Knoblauch in den Mixtopf geben, den Messbecher aufsetzen und 7 Sekunden/Stufe 6 zerkleinern. Kichererbsen, Kreuzkümmel, Olivenöl, Orangensaft dazugeben und alles in 10 Sekunden/Stufe 5 zu einer geschmeidigen Paste verarbeiten.
4. Hummus mit Salz und Pfeffer kräftig abschmecken und auf Teller verteilen. Die Petersilie waschen, trockenschütteln, die Blätter von den Stielen zupfen und den Hummus damit – und eventuell mit einigen Kichererbsen – bestreuen.

TIPP 1: **Dazu passen frisches dunkles Brot oder Tortillachips. Dafür kaufen Sie Tortillafladen aus dem Kühlregal, schneiden sie in Dreiecke und legen sie auf ein mit Backpapier ausgelegtes Backblech. Mit etwas Olivenöl bepinseln und bei 180 °C (Umluft 160 °C) backen und etwas abkühlen lassen.**

TIPP 2: Wenn Sie den Hummus in ein warmes Gericht verwandeln wollen, können Sie nach dem Pürieren 600 ml Gemüsebrühe zugeben und das Ganze 10 Minuten/100 °C/Stufe 2 erhitzen. Messbecher nicht vergessen, es spritzt!

Rote-Bete-Pizza

Thermomix® + Backofen
Für 2 Portionen • Pro Portion: 633 kcal, 28 g E, 21 g F, 83 g KH

Für den Teig:
200 g Weizenmehl
je ½ TL Salz und Zucker
100 ml lauwarmes Wasser
½ Würfel frische Hefe (ersatzweise 8 g Trockenhefe)
1 EL Olivenöl
etwas Öl für die Schüssel
etwas Mehl für die Arbeitsfläche

1. Alle Zutaten für den Teig in den Mixtopf geben und 2 Minuten/Knetstufe zu einem glatten Teig verkneten.
2. In eine leicht mit Öl gefettete Schüssel umfüllen, mit Folie abdecken und an einem warmen Ort gehen lassen, bis sich das Volumen etwa verdoppelt hat.

Für den Belag:
150 g frische Rote Bete
1–2 Knoblauchzehen
2 EL weißer Balsamessig
Salz, Pfeffer
75 g junger Spinat und Rucola
100 g Ziegenrolle

1. Die Roten Beten putzen, schälen und grob in Würfel schneiden. (Dabei mit Einmalhandschuhen arbeiten, sonst bleiben die Hände lange rot.) Die Knoblauchzehen abziehen. Den Backofen auf 220 °C (Umluft 200 °C) vorheizen.
2. Rote Beten, Knoblauch und Essig in den Mixtopf geben und 10 Sekunden/Stufe 6 zerkleinern. Mit Salz und Pfeffer und nach Bedarf noch mehr Essig pikant abschmecken.
3. Den Spinat waschen, verlesen und gut abtropfen lassen oder trockenschleudern und grob hacken.
4. Aus dem Teig 2 Kugeln formen und auf einer bemehlten Fläche zu 2 Pizzen ausrollen. Alternativ Teig eckig für ½ Backblech ausrollen. Die Rote-Bete-Masse auf dem Teig verteilen, dabei einen 1,5 cm breiten Rand lassen.
5. Die Ziegenrolle zerbröckeln, auf die Pizza geben und diese im vorgeheizten Backofen 20–25 Minuten backen, bis der Rand goldgelb und knusprig ist. Kurz vor Ende der Backzeit den Spinat auf der Pizza verteilen und sofort heiß servieren.

TIPP 1: **Wenn Sie noch etwas vom Rote-Bete-Hummus übrig haben, können Sie auch das auf dem Pizzateig verstreichen.**

TIPP 2: **Pizzateig lässt sich zwar im Thermomix® mühelos kneten, aber der Hefeteig muss fast 1 Stunde gehen. Wollen Sie diese Zeit sparen: Pizzateig aus dem Kühlregal ist praktisch und auch gut.**

Rote-Bete-Suppe mit Tortellini

Thermomix® + Varoma

Für 2 Portionen • Pro Portion: 217 kcal, 8 g E, 7 g F, 30 g KH

2 Schalotten
1–2 Knoblauchzehen
200 g Knollensellerie oder Petersilienwurzel
300 g frische Rote Bete
1 EL Rapsöl
1,1 l Gemüse- oder Fleischbrühe
1 EL flacher Kümmel
250 g Tortellini mit Fleischfüllung (aus dem Kühlregal)
3 Stängel glatte Petersilie
Salz, Pfeffer
Meerrettich (aus Tube oder Glas) nach Belieben

1. Schalotten und Knoblauchzehen abziehen und halbieren. Sellerie schälen, waschen und grob in Stücke schneiden. Die Roten Beten schälen und ebenfalls in Stücke schneiden. (Am besten Einmalhandschuhe verwenden, sonst bleiben die Hände für Stunden rot.)
2. Schalotten, Knoblauch und Öl in den Mixtopf geben, den Messbecher aufsetzen und 5 Sekunden/Stufe 5 zerkleinern. Mit dem Spatel nach unten schieben und 3 Minuten/120 °C/Stufe 0,5 andünsten.
3. Sellerie und Rote Beten dazugeben und 5 Sekunden/Stufe 6 zerkleinern. Die Brühe angießen, den Kümmel dazugeben.
4. Die Tortellini auf dem Einlegeboden des Varoma verteilen, aufsetzen und das Ganze 20 Minuten/Varoma/Stufe 1 garen.

5. In der Zwischenzeit die Petersilie waschen, trockenschütteln, die Blätter von den Stielen zupfen und hacken.
6. Den Varoma abnehmen und die Suppe mit Salz und Pfeffer abschmecken. Die Tortellini auf die Teller verteilen, mit der Suppe begießen und mit der Petersilie bestreut servieren. Nach Belieben einige Tupfer Meerrettich auf die Suppe setzen.

Schwarzwurzel und Topinambur

Schwarzwurzeln nennt man wegen ihrer langen, dünnen Form auch Winterspargel. Das ursprünglich spanische Gemüse ist mit dem Löwenzahn verwandt und wird von Oktober bis April frisch angeboten. Ein Großteil der Ernte wird zu Konserven verarbeitet. Dabei lohnt die Zubereitung frischer Wurzeln zu Hause auf jeden Fall. Aufwändig ist allein das Schälen, wozu man am besten Gummihandschuhe anzieht. Anschließend sollten die Wurzeln in Zitronenwasser eingelegt werden, da sie sich sonst schnell verfärben.
Schwarzwurzeln lassen sich vielfältig verwenden: Sie können sie anbraten, frittieren, wie Spargel kochen oder andünsten, in einen Pfannkuchen packen oder gratinieren. Und natürlich auch Suppen und Eintopfgerichte daraus machen.

Der oder die Topinambur ist indianischen Ursprungs. Die Erdartischocke oder Indianerkartoffel, wie die Knolle unter anderem genannt wird, erntet man vom Spätherbst bis zum Frühling. Die bizarr geformten Knollen, die hellbraun bis dunkelviolett gefärbt sein können, sind winterhart und werden hauptsächlich auf Wochenmärkten und in Bioläden verkauft. Über 90 Prozent der Ernte in Deutschland gehen in die Branntweinproduktion. Der Schnaps wirkt angeblich gut bei Magenverstimmung.
Beliebt sind Topinambur bei Diabetikern, da sie zu 16 Prozent aus unverdaulichen Kohlenhydraten in Form von Inulin bestehen. Das macht die »Diabetiker-Kartoffel« natürlich auch interessant als Kartoffelersatz im Rahmen der Low-Carb-Ernährung. Der Topgehalt an Eisen und Magnesium fördert die Gesundheit im Winter. Anis-, Fenchelsamen oder Kümmel verhindern, dass der Topinambur Blähungen verursacht.

Topinambur-Sellerie-Suppe

Thermomix® + Pfanne

Für 4 Portionen • Pro Portion: 238 kcal, 7 g E, 20 g F, 9 g KH

300 g Topinambur
300 g Knollensellerie
4 Stängel Thymian
4 Schalotten
20 g Butter
700 ml Gemüsebrühe
30 g Mandelblättchen
200 ml Sahne zum Kochen
Salz, Pfeffer

1. Topinambur unter fließendem Wasser gründlich abbürsten. Nach Belieben schälen oder die dünne Schale dranlassen, in Stücke schneiden. Sellerieknolle putzen, schälen, waschen und grob zerkleinern. Thymian waschen und trockenschütteln. Die Schalotten abziehen und halbieren.
2. Schalotten in den Mixtopf geben, den Messbecher aufsetzen und 4 Sekunden/Stufe 5 zerkleinern. Mit dem Spatel nach unten schieben, die Butter dazugeben und 4 Minuten/100 °C/Stufe 1 andünsten.
3. Topinambur und Knollensellerie in den Mixtopf geben und (Messbecher!) 5 Sekunden/Stufe 5 zerkleinern.
4. Gemüsebrühe und 2 Thymianzweige dazugeben und Gemüse zugedeckt 20 Minuten/100 °C/Stufe 1 weich kochen.
5. In der Zwischenzeit die Mandelblättchen in einer Pfanne ohne Fett goldgelb rösten und beiseitestellen. Die Blättchen von den restlichen Thymianzweigen abzupfen.
6. Die Thymianzweige aus der Suppe fischen und die Suppe 30 Sekunden/Stufe 5–7 ansteigend fein pürieren. Mit der Sahne verfeinern und mit Salz und Pfeffer abschmecken.
7. Suppe auf 4 Tellern anrichten und mit den Thymian- und Mandelblättchen bestreut servieren.

Schwarzwurzelsuppe

Thermomix®
Für 4 Portionen • Pro Portion: 133 kcal, 3 g E, 11 g F, 6 g KH

2 EL Zitronensaft
1 l Wasser
500 g Schwarzwurzeln
1 Zwiebel
1 EL Olivenöl
800 ml Gemüsebrühe
200 ml Mandel- oder Sojamilch
4 Stängel glatte oder krause Petersilie
Salz, Pfeffer
100 ml Mandel- oder Soja-Cuisine

1. 1 EL Zitronensaft und Wasser in einer Schüssel verrühren. Die Schwarzwurzeln unter fließendem kaltem Wasser sorgfältig abbürsten. (Schützen Sie dabei die Hände mit Einmal- oder Gummihandschuhen, denn die Wurzeln färben stark ab.) Dünn mit einem Sparschäler abschälen und nochmals waschen. In 5 cm lange Stücke schneiden und ins Zitronenbad legen.
2. Die Zwiebel abziehen und vierteln. Zusammen mit dem Öl in den Mixtopf geben, Messbecher aufsetzen und 5 Sekunden/Stufe 5 zerkleinern. Mit dem Spatel nach unten schieben und 3 Minuten/120 °C/Stufe 1 andünsten.
3. Gemüsebrühe und Mandelmilch in den Mixtopf geben, die abgetropften Schwarzwurzeln dazugeben und alles 25 Minuten/90 °C/Stufe 1 köcheln lassen.
4. In der Zwischenzeit die Petersilie waschen, trockenschütteln, die Blätter von den Stängeln zupfen und hacken.
5. Etwa ¼ der Schwarzwurzelstücke aus dem Topf fischen und beiseitestellen. Die Suppe 30 Sekunden/Stufe 5–7 ansteigend fein pürieren und mit Salz, Pfeffer und dem restlichen Zitronensaft abschmecken. Die Mandel-Cuisine 5 Sekunden/Stufe 3 untermischen.
6. Die Schwarzwurzelstücke auf 4 Teller verteilen, die Suppe darüberschöpfen und mit der Petersilie bestreut servieren.

TIPP: Für Nichtveganer/-vegetarier passen dazu in feine Streifen geschnittener Räucherlachs oder dünn aufgeschnittene geräucherte Mettwürstchen.

Schwarzwurzeln mit Sahne-Béchamelsauce und Schinken

Thermomix® + Varoma
Für 2 Portionen als Hauptgericht oder 4 Portionen als Vorspeise •
Pro Portion (als Hauptgericht): 286 kcal, 17 g E, 18 g F, 14 g KH

1,2 l Wasser
2 EL Weißweinessig oder Zitronensaft
Salz
500 g Schwarzwurzeln
2 Stängel glatte Petersilie
20 g Butter
20 g Weizenmehl
50 ml Sahne zum Kochen
1 Eigelb, Größe M
Pfeffer
geriebene Muskatnuss
100 g gekochter Schinken

1. Wasser in einer flachen Schüssel mit Essig und etwas Salz verrühren.
2. Die Schwarzwurzeln unter fließendem kaltem Wasser sorgfältig abbürsten. (Schützen Sie dabei die Hände mit Einmal- oder Gummihandschuhen, denn die Wurzeln färben stark ab.) Dünn mit einem Sparschäler abschälen, nochmals waschen und in 10–15 cm lange Stücke schneiden. Für 10 Minuten in das vorbereitete Essigwasser legen, damit sie beim Kochen weiß bleiben.
3. In der Zwischenzeit die Petersilie waschen, trockenschütteln, die Blätter von den Stielen zupfen und sehr fein hacken.
4. Die Schwarzwurzeln in den Varoma legen, das Essigwasser in den Mixtopf geben und Gemüse 20 Minuten/Varoma/Rührstufe dämpfen. Varoma abnehmen und beiseitestellen. 200 ml vom Essigwasser aufbewahren, den Rest wegschütten.

5. Butter in den Mixtopf geben und 2 Minuten/70 °C/Stufe 0,5 schmelzen lassen. Das Mehl dazugeben und 3 Minuten/100 °C/Stufe 1 anschwitzen.
6. Sahne, Essigwasser, Eigelb, Salz, Pfeffer und Muskatnuss dazugeben und 5 Minuten/100 °C/Stufe 3 kochen. Dabei den Varoma mit den Schwarzwurzeln zum Erwärmen nochmals aufsetzen.
7. Den Schinken in Streifen schneiden. Die Sauce abschmecken und eventuell nachwürzen.
8. Die Schwarzwurzeln auf Teller verteilen, mit der Sauce begießen, den Schinken darauflegen und mit Petersilie bestreut servieren.

Schwarzwurzelauflauf mit Lauch

Thermomix® + Varoma + Backofen
Für 4 Portionen • Pro Portion: 394 kcal, 20 g E, 25 g F, 19 g KH

2 l Wasser
2 EL Essig
Salz
1 kg Schwarzwurzeln
200 g Spätzle (Trockenprodukt)
1 Stange Lauch
1 Stück Ingwer (walnussgroß)
etwas Fett für die Form
125 g Gouda oder Bergkäse
2 Eier, Größe M
100 ml Milch
150 ml Crème fraîche oder Crème légère
Pfeffer

1. 1 l Wasser in einer flachen Schüssel mit Essig und etwas Salz verrühren.
2. Die Schwarzwurzeln unter fließendem kaltem Wasser sorgfältig abbürsten. (Schützen Sie dabei die Hände mit Einmal- oder Gummihandschuhen, denn die Wurzeln färben stark ab.) Dünn mit einem Sparschäler abschälen und nochmals waschen, in 5 cm lange Stücke schneiden und in das Essigwasser legen, damit sie weiß bleiben.
3. 1 l Wasser in den Gartopf geben, den Varoma mit den Schwarzwurzeln aufsetzen und 10 Minuten/Varoma/Rührstufe zum Kochen bringen. Dann das Garkörbchen mit den Spätzle einhängen und weitere 10 Minuten/Varoma/Rührstufe garen. Gemüse und Spätzle können gut al dente bleiben – sie kommen ja noch in den Backofen.

4. In der Zwischenzeit den Backofen auf 200 °C (Umluft 180 °C) vorheizen. Den Lauch putzen, längs aufschlitzen und gründlich waschen. Mit viel Grün in etwa 1 cm breite Streifen schneiden. Den Ingwer schälen und klein würfeln.
5. Eine Auflaufform dünn einfetten und Schwarzwurzeln, Spätzle, Lauch und Ingwer darin vermischen.
6. Mixtopf abtrocknen, den Käse hineingeben und 8 Sekunden/Stufe 8 zerkleinern. Eier, Milch, Crème fraîche, Salz und Pfeffer hineingeben und 6 Sekunden/Stufe 4 verrühren. Sauce auf dem Auflauf verstreichen.
7. Auflauf im vorgeheizten Backofen 35–40 Minuten backen, bis eine goldgelbe Kruste entstanden ist. Gleich – am besten in der Form – servieren.

Gemüsecremesuppe mit Schwarzwurzel und Dill

Thermomix®

Für 4 Portionen • Pro Portion: 216 kcal, 5 g E, 13 g F, 19 g KH

1 l Wasser
2 EL Zitronensaft oder weißer Essig
Salz
500 g Schwarzwurzeln
150 g Möhren
150 g Süßkartoffeln
1 Stange Lauch
1 l Gemüsebrühe
5 Stängel Dill
200 ml Sahne zum Kochen
Salz, Cayennepfeffer

1. Wasser in einer flachen Schüssel mit Zitronensaft oder Essig und etwas Salz verrühren.
2. Die Schwarzwurzeln unter fließendem kaltem Wasser sorgfältig abbürsten. (Schützen Sie dabei die Hände mit Einmal- oder Gummihandschuhen, denn die Wurzeln färben stark ab.) Dünn mit einem Sparschäler abschälen, nochmals waschen und grob zerschneiden. Schwarzwurzeln für 10 Minuten in das vorbereitete Zitronenwasser legen, damit sie beim Kochen weiß bleiben.
3. In der Zwischenzeit Möhren und Süßkartoffeln putzen, schälen, waschen und grob in Stücke schneiden. Den Lauch längs aufschlitzen und gründlich waschen. Den weißen Teil in 2 cm lange Stücke schneiden. (Das dunkle Grün eventuell für eine Suppe aufbewahren.)
4. Schwarzwurzeln in den Mixtopf geben, 5 Sekunden/Stufe 5 zerkleinern und in eine Schüssel umfüllen. Möhren, Süßkartoffeln und Lauch in den Mixtopf geben und ebenfalls 5 Sekunden/Stufe 5 zerkleinern.

5. Die Schwarzwurzeln wieder dazugeben, die Brühe angießen und Gemüse in 20 Minuten/100 °C/Stufe 2 weich kochen.
6. In der Zwischenzeit den Dill waschen, gut trockenschütteln und hacken.
7. Die Gemüsesuppe 20 (wenn noch Stücke darin bleiben sollen) oder 40 Sekunden/Stufe 6–8 ansteigend pürieren. Die Sahne mit dem Spatel unterrühren und die Suppe mit Salz und Cayennepfeffer pikant-scharf abschmecken.
8. Auf 4 Teller verteilen und mit dem Dill bestreut servieren.

TIPP: **Gut machen sich auf der Suppe ein paar Tropfen Trüffelöl. Oder Sie können statt des Dills auch 60 g Kürbiskerne in einer beschichteten Pfanne ohne Fett rösten, die Suppe damit bestreuen und mit Kürbiskernöl beträufeln.**

Topinambur-Kartoffel-Suppe mit Muschelfleisch

Thermomix®
Für 2 Portionen • Pro Portion: 311 kcal, 13 g E, 17 g F, 25 g KH

200 g Topinambur
200 g Kartoffeln
1 kleine Zwiebel
1 EL Rapsöl
500 ml Gemüsebrühe
2 Stängel glatte Petersilie
50 ml Sahne zum Kochen
Salz, Pfeffer
Zitronensaft
75 g eingelegte Muscheln (aus dem Glas)

1. Die Topinambur waschen und kräftig abbürsten. Ganz frische Knollen können Sie mit der dünnen Schale verwenden. Ansonsten schälen und vierteln. Kartoffeln schälen, waschen und grob zerkleinern. Die Zwiebel abziehen und vierteln.
2. Zwiebel mit dem Öl in den Mixtopf geben, Messbecher aufsetzen und 5 Sekunden/Stufe 5 zerkleinern. Mit dem Spatel nach unten schieben und 3 Minuten/120 °C/Stufe 1 andünsten.
3. Topinambur und Kartoffeln in den Mixtopf geben und 6 Sekunden/Stufe 4 zerkleinern. Die Gemüsebrühe angießen und alles 20–25 Minuten/100 °C/Stufe 1,5 kochen. Nach 20 Minuten kontrollieren, ob die Topinambur schon weich genug sind, sonst noch etwas kochen lassen.
4. In der Zwischenzeit die Petersilie waschen, trockenschütteln, die Blätter von den Stielen zupfen und hacken.
5. Suppe mit Salz, Pfeffer und Zitronensaft abschmecken. Die Muscheln in ein Sieb geben und abtropfen lassen. Zur Suppe geben und 1 Minute/100 °C/Stufe 1 linksdrehend erwärmen.
6. Suppe auf 2 Teller verteilen und mit Petersilie bestreut servieren.

TIPP: Mit dem Varoma können Sie auch ganz einfach frische Miesmuscheln für die Suppe zubereiten. 300 g Miesmuscheln (nur die fest geschlossenen) unter fließendem kaltem Wasser mit einer Bürste reinigen. In den Varoma legen und über der Suppe 20 Minuten dämpfen. Dann das Muschelfleisch mit einer Gabel herausheben.

Topinamburcreme mit Möhren und Brokkoli

Thermomix® + Varoma

Für 4 Portionen • Pro Portion: 182 kcal, 5 g E, 14 g F, 9 g KH

100 g Möhren
100 g Brokkoli
1 kleine Stange Lauch (nur das Weiße)
1 EL Rapsöl
400 g Topinambur
800 ml Gemüsebrühe
Salz, Cayennepfeffer
etwas Zitronensaft nach Belieben
100 g Schmand

1. Möhren putzen, schälen, waschen und grob raspeln. Brokkoli waschen und in kleine Röschen teilen. Beides in den Varoma geben.
2. Lauch längs aufschlitzen, gründlich waschen, putzen und den weißen Teil in Stücke schneiden. (Das Grün anderweitig, z. B. in einer Gemüsesuppe, verwenden.) Lauch und Öl in den Mixtopf geben, den Messbecher aufsetzen und 6 Sekunden/Stufe 5 zerkleinern. Mit dem Spatel nach unten schieben und 3 Minuten/120 °C/Stufe 2 andünsten.
3. In der Zwischenzeit die Topinambur unter fließendem Wasser gründlich abbürsten. Nach Belieben schälen oder die dünne Schale dranlassen. In Stücke schneiden und gleich mit der Gemüsebrühe in den Mixtopf geben.
4. Den Varoma aufsetzen und das Ganze 20 Minuten/Varoma/Stufe 1 kochen, bis das Gemüse weich ist.
5. Den Varoma abnehmen und beiseitestellen. Die Suppe 30 Sekunden/Stufe 5–7 ansteigend pürieren, mit Salz, Cayennepfeffer und Zitronensaft pikant abschmecken und den Schmand 10 Sekunden/Stufe 4 zugedeckt einrühren.
6. Suppe auf 4 Teller verteilen und die Möhrenrapsel und Brokkoliröschen in die Mitte setzen.

INFO: Wenn Ihnen Cayennepfeffer zu scharf erscheint, können Sie natürlich auch normalen Pfeffer verwenden. Die Schärfe verträgt sich aber sehr gut mit dem eher süßlichen Geschmack der Topinambur.

Weißkohl und Wirsing

Weißkohl ist ein Küchen-Tausendsassa, der sich in deftiger Umgebung besonders wohl fühlt. Schon für unsere Vorfahren war er ein wichtiges Gemüse – vor allem in Form von Sauerkraut –, das durch den vitaminarmen Winter half.
Sein etwas süßlicher Geschmack ruft geradezu nach scharfem Paprikapulver oder anderen kräftigen Gewürzen. Als Low-Carb-Variante eignen sich die großen Blätter gut als Lasagneblätter-Ersatz. September, Oktober und November sind die Haupterntemonate, sollte er mal welk werden: einfach die äußeren Blätter entfernen. Als Wintergemüse trumpft Weißkohl mit 20 mg Vitamin C/100 g auf. Zudem enthält er Ascorbigen, eine Vorstufe des Vitamin C, das erst durch Erhitzen zum eigentlichen Vitamin C wird.
Das mühsame In-Streifen-Schneiden, das vielleicht abschreckend wirken könnte, nimmt Ihnen Ihr Thermomix® ab. Machen Sie das am besten portionsweise – dann wird das Ergebnis gleichmäßiger.

Im Gegensatz zum glatten Weißkohl sind die Blätter des Wirsings leicht gewellt. Seine Zubereitungsmöglichkeiten sind aber ebenso vielfältig. Sie können bei unseren Rezepten auch den einen gegen den anderen austauschen. Die Blätter des Wirsings sind die zartesten von allen Kohlsorten und haften nicht so fest aneinander, was es leichter macht, nur mal zwei oder drei Blätter zu entnehmen. Beim Vitamin- und Folsäuregehalt kann er durchaus mit dem Weißkohl mithalten – und zählt ebenfalls zu den Low-Carb-Schlank-Gemüsen.
Hat der Wirsing gummiartige Blätter, ist er nicht mehr frisch. Sie erkennen das, wenn Sie ihn leicht schütteln: Er sollte rascheln. Die einzelnen Blätter gründlich unter fließendem Wasser waschen, da gerade an den äußeren Blättern oft noch Erde haftet.

Wirsing mit Farfalle und Möhren

Thermomix®

Für 2 Portionen • Pro Portion: 544 kcal, 18 g E, 14 g F, 83 g KH

300 g Wirsing
1 Zwiebel
150 g Möhren
1 EL Rapsöl
200 g Farfalle
500 ml Gemüsebrühe
2 Stängel glatte Petersilie
Salz, Pfeffer

1. Vom Wirsing die äußeren Blätter und den Strunk entfernen. 300 g Blätter abtrennen, waschen und grob in Streifen schneiden. Die Zwiebel abziehen und vierteln. Die Möhren putzen, schälen und waschen. Grob in Stücke schneiden, wenn Sie sie im Thermomix® zerkleinern wollen, ansonsten in Streifen schneiden.
2. Zwiebel und Öl in den Mixtopf geben, Messbecher aufsetzen und 5 Sekunden/Stufe 5 zerkleinern. Mit dem Spatel nach unten schieben und 3 Minuten/120 °C/Stufe 1 andünsten.
3. Möhren 4 Sekunden/Stufe 5 zerkleinern – oder die Streifen in den Mixtopf geben. Wirsing, Farfalle und Gemüsebrühe in den Mixtopf geben und alles 12 Minuten/90 °C/Rührstufe linksdrehend garen. Dabei den Eintopf ab und zu mit dem Spatel durchmischen.
4. In der Zwischenzeit die Petersilie waschen, trockenschütteln, die Blätter von den Stängeln zupfen und fein hacken.
5. Den Eintopf mit Salz und Pfeffer abschmecken, auf 2 Teller verteilen und mit der Petersilie bestreut servieren.

Weißkohlsuppe »Szegedin«

Thermomix®

Für 4 Portionen • Pro Portion: 189 kcal, 4 g E, 14 g F, 11 g KH

500 g Weißkohl
1 große Gemüsezwiebel
2 Knoblauchzehen
1 rote Paprikaschote
2 EL Rapsöl
2 EL Paprikapulver edelsüß oder rosenscharf
1 flacher EL Kümmel
500 ml Gemüsebrühe
Salz, Pfeffer
25 ml Apfelessig
4 EL Schnittlauch in Röllchen oder gehackte Petersilie nach Belieben
4 EL saure Sahne

1. Vom Weißkohl den harten Strunk entfernen und die Blätter waschen und grob hacken. Zwiebel abziehen und vierteln. Knoblauchzehen schälen. Die Paprikaschote putzen, waschen und grob zerteilen.
2. Zwiebel und Knoblauch in den Mixtopf geben und 5 Sekunden/Stufe 5 zerkleinern. Das Öl dazugeben und 3 Minuten/120 °C/Stufe 1 andünsten.
3. Paprikapulver, Kümmel, Weißkohl und Paprikaschote in den Mixtopf geben und mithilfe des Spatels 7 Sekunden/Stufe 4 zerkleinern.
4. Die Gemüsebrühe angießen und alles 15 Minuten/90 °C/Stufe 0,5 linksdrehend sanft garen lassen, bis das Kraut schön weich ist.
5. Suppe mit Salz, Pfeffer und Apfelessig pikant abschmecken. Auf 4 Teller verteilen und nach Belieben mit Schnittlauch oder Petersilie bestreut servieren. Die saure Sahne getrennt dazu reichen.

TIPP: Wer Fleisch mag, kann, während die Suppe kocht, 50 g Schinkenwürfel in einer beschichten Pfanne mit ganz wenig Fett knusprig braten und diese zum Servieren über die Suppe streuen.

Weißkohlsuppe mit Hackfleisch

Thermomix® + Varoma

Für 4 Portionen • Pro Portion: 360 kcal, 25 g E, 22 g F, 15 g KH

750 g Weißkohl
1 EL Kümmel nach Belieben
250 g Möhren
1 große Zwiebel
2 Knoblauchzehen
2 EL Rapsöl
400 g Rinderhackfleisch
800 ml Rinder- oder Gemüsebrühe
4 Stängel glatte Petersilie
Salz, Pfeffer

1. Vom Weißkohl die äußeren Blätter entfernen, vierteln und den Strunk herausschneiden, die Blätter waschen, grob hacken und in den Varoma legen. Nach Belieben mit Kümmel bestreuen. Die Möhren putzen, schälen, waschen und in ½ cm dicke Scheiben schneiden.
2. Die Zwiebel abziehen und vierteln. Die Knoblauchzehen schälen. Zwiebel und Knoblauch zusammen mit dem Rapsöl in den Mixtopf geben, den Messbecher aufsetzen und 6 Sekunden/Stufe 5 zerkleinern. Mit dem Spatel nach unten schieben und 3 Minuten/120 °C/Stufe 1 andünsten.
3. Das Rinderhackfleisch zerpflücken, zu den Zwiebeln geben und 3 Minuten/100 °C/Stufe 2 linksdrehend andünsten.
4. Möhren und Brühe in den Topf geben, den Varoma aufsetzen und das Ganze 20 Minuten/Varoma/Stufe 1 linksdrehend kochen.
5. In der Zwischenzeit die Petersilie waschen, trockenschütteln, die Blätter von den Stängeln zupfen und hacken.
6. Die Suppe mit Salz und Pfeffer abschmecken und den Weißkohl aus dem Varoma 1 Minute/100 °C/Stufe 2–3 linksdrehend unterheben.
7. Suppe auf 4 Teller verteilen und mit der gehackten Petersilie bestreut servieren.

TIPP: Wie zu den meisten Kohlgerichten macht sich auch hier saure Sahne oder Schmand sehr gut. Etwas salzen und in einer Schüssel getrennt dazu reichen.

Weißkohllasagne mit Linsen

Thermomix® + Kochtopf + Backofen

Für 4 Portionen • Pro Portion: 367 kcal, 12 g E, 16 g F, 32 g KH

Für die Käsesauce:
100 geriebener Käse (zum Beispiel mittelalter Gouda)
½ Bio-Zitrone
100 g Frischkäse
75 g Crème légère oder Schmand
Salz, Pfeffer

1. Käse in den Mixtopf geben, Messbecher aufsetzen und 5 Sekunden/Stufe 7 reiben. Zitrone waschen, 1 EL Schale abraspeln und die halbe Frucht auspressen.
2. Zitronensaft und -raspel mit Frischkäse und Crème légère in den Mixtopf geben und 8 Sekunden/Stufe 4 verrühren.
3. Sauce mit Salz und Pfeffer abschmecken, in eine Schüssel umfüllen, beiseitestellen und den Mixtopf ausspülen.

Für die Lasagne:
1 kleiner Weißkohl (ca. 800 g)
Wasser
1 große Zwiebel
100 g Möhren
100 g Knollensellerie
1 EL Olivenöl
125 g rote oder gelbe Linsen
450 ml Gemüsebrühe
2–3 TL Madras-Currypulver
1 TL Kurkuma
Salz, Pfeffer
etwas Fett für die Form

1. Die äußeren Blätter des Weißkohls entfernen. Rund um den Strunk an der Unterseite mit einem kleinen scharfen Messer so tief wie möglich einschneiden. Wasser in einem geräumigen Topf zum Kochen bringen, den Kohlkopf hineingeben und ca. 5 Minuten sprudelnd kochen lassen.
2. Mit einer Küchenzange nach und nach die Blätter ablösen und in ein Sieb zum Abtropfen legen. Kohl weiter kochen lassen und dabei immer wieder die losen Blätter entfernen, bis der ganze Kohlkopf zerlegt ist. Die Blätter entlang der Rippen einschneiden und platt drücken.
3. Die Zwiebel abziehen und vierteln. Die Möhren putzen, schälen, in Stücke schneiden. Knollensellerie putzen, waschen und grob in Stücke schneiden.
4. Zwiebel, Möhren, Sellerie und Olivenöl in den Mixtopf geben und 7 Sekunden/Stufe 5 zerkleinern. Mit dem Spatel nach unten schieben und 3 Minuten/120 °C/Stufe 1 andünsten.
5. Die Linsen, Brühe und Gewürze in den Mixtopf geben, das Garkörbchen als Spritzschutz aufsetzen und alles 15 Minuten/100 °C/Stufe 1,5 linksdrehend weich kochen. Eventuell noch 5 Minuten ziehen lassen, damit die Linsen alle Flüssigkeit aufsaugen können. Mit Salz und Pfeffer abschmecken.
6. Den Backofen auf 180 °C (Umluft 160 °C) vorheizen.
7. Eine Auflaufform (zum Beispiel 25 x 25 cm) dünn ausfetten und den Boden mit einer Lage Kohlblätter bedecken. Die Hälfte der Linsen darauf verstreichen, wieder eine Lage Kohl, dann wieder Linsen und mit einer Lage Kohl abschließen.
8. Die vorbereitete Käsecreme darauf verstreichen und Auflauf 35 Minuten im vorgeheizten Backofen garen, bis die Oberfläche goldgelb gefärbt ist.

TIPP 1: **Wenn Sie mehr »Lasagne-Feeling« wollen: 100 g Spiralnudeln in Salzwasser kochen, abgießen und unter die Linsen mischen. Sie kommen dann auf 454 kcal/Portion und 50 g KH.**

TIPP 2: **Die vier Portionen sind recht großzügig bemessen. Wenn etwas übrig bleibt, können Sie die Lasagne, statt sie aufzuwärmen, mal zu einer kräftigen Suppe verarbeiten: Je nach Menge mit 200–300 ml Gemüsebrühe in den Mixtopf geben und 20 Sekunden/Stufe 5–7 ansteigend pürieren und 8 Minuten/100 °C/Stufe 1 kochen.**

Krautfleckerln

Thermomix® + Varoma + Pfanne

Für 2 Portionen • Pro Portion mit Fleischwurst: 662 kcal, 20 g E, 36 g F, 64 g KH

Pro Portion ohne Fleischwurst: 512 kcal, 14 g E, 22 g F, 65 g KH

400 g Weißkohl
400 ml Gemüse- oder Fleischbrühe
1 EL Kümmel
1 TL Salz
2 EL weißer Essig
150 g Fleckerln (ersatzweise Farfalle oder breite Bandnudeln)
100 g Fleischwurst nach Belieben
1 Zwiebel
1 EL Rapsöl
Salz, Pfeffer
20 g Butter

1. Den Weißkohl putzen, waschen, vierteln und den Strunk keilförmig herausschneiden. Grob hacken, in den Mixtopf geben, den Messbecher aufsetzen und 4 Sekunden/Stufe 4 mithilfe des Spatels zerkleinern.
2. Brühe, Kümmel, Salz und Essig dazugeben und alles 10 Minuten/100 °C/Stufe 1 linksdrehend kochen.
3. Die Fleckerln dazugeben und – je nach Packungsanleitung – 9–11 Minuten/100 °C/Stufe 1 linksdrehend kochen.
4. Wenn Sie die Fleischwurst dazu essen wollen: pellen, in Scheiben schneiden und in den Varoma legen. Varoma aufsetzen und das Ganze 9–11 Minuten/Varoma/Stufe 1 linksdrehend kochen.
5. In der Zwischenzeit die Zwiebel abziehen, in Ringe schneiden und in einer beschichteten Pfanne im Öl unter Rühren goldgelb braten. Beiseitestellen.
6. Den Varoma abnehmen und beiseitestellen. Die Krautfleckerln mit Salz und Pfeffer abschmecken und die Butter 20 Sekunden/Stufe 2 linksdrehend einrühren.
7. Krautfleckerln auf 2 Tellern anrichten, mit den gerösteten Zwiebeln bestreuen und die Fleischwurst darauflegen.

INFO: Fleckerln – eine in Österreich beliebte Teigware – werden Sie wahrscheinlich nicht überall bekommen. Das Gericht schmeckt aber ebenso gut mit extrabreiten Bandnudeln oder Farfalle.

Weißkohl-Süßkartoffel-Suppe mit Mandelpesto

Thermomix® + Varoma

Für 4 Portionen • Pro Portion: 443 kcal, 11 g E, 31 g F, 29 g KH

Für das Pesto:
1 Knoblauchzehe
50 g geschälte Mandeln
50 g Parmesan oder Pecorino
1 Bund glatte Petersilie
50 ml Olivenöl
Salz, Pfeffer, Zitronensaft

1. Knoblauchzehe abziehen und mit den Mandeln und dem Käse in den Mixtopf geben. Messbecher aufsetzen und 10 Sekunden/Stufe 9 zerkleinern. Die Petersilie waschen, trockenschütteln und 100 g Blätter abzupfen. Mit dem Olivenöl in den Mixtopf geben und weitere 10 Sekunden/Stufe 8 fein mixen.
2. Pesto mit Salz, Pfeffer und Zitronensaft pikant abschmecken und in eine kleine Schüssel umfüllen. Der Mixtopf muss nicht gespült werden, die Pestoreste machen sich gleich gut in der Suppe.

Für die Suppe:
500 g Weißkohl
300 g Süßkartoffeln
1 große Zwiebel
2 Knoblauchzehen
1 EL Olivenöl
800 ml Brühe
Salz, Pfeffer

1. Weißkohl vierteln und den Strunk herausschneiden, die Blätter waschen, grob hacken und in den Varoma legen. Die Süßkartoffeln schälen, waschen und in mundgerechte Stücke schneiden.
2. Zwiebel abziehen und vierteln. Die Knoblauchzehen schälen. Beides mit dem Öl in den Mixtopf geben, Messbecher aufsetzen und 5 Sekunden/Stufe 5 zerkleinern. 3 Minuten/120 °C/Stufe 1 andünsten.
3. Süßkartoffeln und Brühe in den Mixtopf geben, den Varoma mit dem Weißkohl aufsetzen und das Ganze 20 Minuten/Varoma/Stufe 1 linksdrehend kochen. Den Varoma abnehmen und beiseitestellen. Die Suppe mit Salz und Pfeffer abschmecken.
4. Den gedämpften Kohl auf 4 Teller verteilen, mit der Suppe begießen und je 1 EL Pesto obenauf setzen.

TIPP: **Die Zutaten für das Pesto reichen für 8 EL. Wenn Sie nicht alles aufessen, können Sie den Rest gut 14 Tage im Schraubglas im Kühlschrank aufbewahren. Dabei die Oberfläche mit etwas Öl bedecken. Oder Sie machen gleich die doppelte Menge – Pesto schmeckt auch zu anderen Gemüsesuppen.**

Wirsingeintopf mit Kartoffeln und Hackfleisch

Thermomix® + Varoma

Für 4 Portionen • Pro Portion: 381 kcal, 22 g E, 22 g F, 23 g KH

750 g Wirsing
1 EL Kümmel nach Belieben
400 g Kartoffeln
1 große Zwiebel
2 Knoblauchzehen
2 EL Rapsöl
300 g gemischtes Hackfleisch
800 ml Fleisch- oder Gemüsebrühe
Salz, Pfeffer

1. Vom Wirsing die äußeren Blätter entfernen und den Strunk herausschneiden. 750 g Blätter abtrennen, waschen, in etwa 10 cm große Stücke zerpflücken und in den Varoma legen. Nach Belieben mit Kümmel bestreuen. Die Kartoffeln schälen, waschen, in mundgerechte Stücke schneiden und in das Garkörbchen legen.
2. Die Zwiebel abziehen und vierteln. Die Knoblauchzehen schälen. Zwiebel und Knoblauch zusammen mit dem Rapsöl in den Mixtopf geben, den Messbecher aufsetzen und 6 Sekunden/Stufe 5 zerkleinern. Mit dem Spatel nach unten schieben und 3 Minuten/120 °C/Stufe 1,5 andünsten.
3. Das Hackfleisch zerpflücken, zu den Zwiebeln geben und 3 Minuten/100 °C/Stufe 2 linksdrehend andünsten.
4. Brühe in den Topf geben, das Garkörbchen mit den Kartoffeln einhängen, den Varoma mit dem Wirsing aufsetzen und das Ganze 20 Minuten/Varoma/Stufe 1 linksdrehend kochen.
5. Eintopf mit Salz und Pfeffer abschmecken. Kartoffeln und Wirsing auf 4 Teller verteilen und mit der Hackfleischbrühe begießen.

TIPP: **Da passt pro Teller noch 1 Klecks Crème fraîche oder saure Sahne drauf!**

Wirsingeintopf mit Schinken und Roggenbrot

Thermomix® + Varoma + Backofen oder Pfanne
Für 4 Portionen • Pro Portion: 234 kcal, 9 g E, 9 g F, 28 g KH

750 g Wirsing oder Weißkohl
2 Zwiebeln
2 EL Rapsöl
800 ml Fleisch- oder Gemüsebrühe
4 Scheiben dunkles Brot
200 g gekochter Schinken
Salz, Pfeffer

1. Vom Wirsing die äußeren Blätter entfernen, halbieren und den Strunk herausschneiden. 750 g Blätter abtrennen, waschen, in etwa 10 cm große Stücke zerpflücken und in den Varoma legen. Die Zwiebeln abziehen und grob in Scheiben schneiden.
2. Zwiebeln und Öl in den Mixtopf geben und 3 Minuten/120 °C/Stufe 2 andünsten.
3. Die Brühe angießen, den Varoma aufsetzen und das Ganze 20 Minuten/Varoma/Rührstufe garen.
4. In der Zwischenzeit das Brot in Streifen schneiden und im Backofen auf der mittleren Schiene bei 200 °C (Umluft 180 °C) rösten. Alternativ mit 1 weiteren EL Öl in einer geräumigen Pfanne unter Rühren rösten.
5. Den Schinken in 1 cm große Quadrate schneiden.
6. Den Varoma abnehmen und beiseitestellen. Den Eintopf mit Salz und Pfeffer abschmecken, den Schinken hineingeben und 1 Minute/100 °C/Stufe 3 linksdrehend untermischen und erwärmen.
7. Das geröstete Brot auf 4 Teller verteilen, den Wirsing dazugeben, den Eintopf darüberschöpfen und sofort servieren.

Wirsing-Tomaten-Tarte

Thermomix® + Backofen

Für 4 Portionen • Pro Portion: 694 kcal, 29 g E, 44 g F, 46 g KH

Für den Teig:
200 g Maismehl
1 Prise Salz
1 Ei, Größe M
125 g Butter
2 EL Wasser
etwas Mehl für die Arbeitsfläche
etwas Fett für die Form

Für die Füllung:
500 g Wirsing
400 g Cherry-Tomaten
1 Zwiebel
1 Knoblauchzehe
1 EL Olivenöl
200 g Lammhackfleisch
1 TL Rosmarinnadeln
Salz, Pfeffer
50 g Pecorino
2 Eier, Größe M
100 ml Sahne zum Kochen

1. Mehl, Salz, Ei, Butter und Wasser in den Mixtopf geben und 15 Sekunden/Stufe 3 zu einem Teig verarbeiten. Auf eine bemehlte Arbeitsfläche geben, ausrollen und eine leicht gefettete Springform (ca. 26 cm Durchmesser) damit auskleiden. Dabei einen etwa 2 cm hohen Rand hochziehen. Den Mixtopf spülen.

2. Vom Wirsing die äußeren, groben Blätter entfernen. Wirsing vierteln, den Strunk herausschneiden, Blätter waschen und gut abtropfen lassen. Grob zerschneiden. Die Tomaten waschen, halbieren und die Stielansätze entfernen.
3. Wirsing in 2 Portionen in den Mixtopf geben und mithilfe des Spatels jeweils 10 Sekunden/Stufe 3 zerkleinern. In eine Schüssel umfüllen und beiseitestellen. Den Backofen auf 200 °C (Umluft 180 °C) vorheizen.
4. Die Zwiebel abziehen und vierteln. Die Knoblauchzehe schälen. Beides in den Mixtopf geben, den Messbecher aufsetzen und 5 Sekunden/Stufe 5 zerkleinern. Das Öl dazugeben und 3 Minuten/120 °C/Stufe 1 andünsten.
5. Das Lammhackfleisch mit den Händen zerpflücken und mit den Rosmarinnadeln in den Mixtopf geben. 7 Minuten/100 °C/Stufe 2 linksdrehend andünsten. Mit Salz und Pfeffer würzen und mit dem Wirsing in der Schüssel vermischen. Den Mixtopf spülen und abtrocknen.
6. Den Pecorino in den Mixtopf geben, Messbecher aufsetzen und 8 Sekunden/Stufe 8 zerkleinern. Eier, Sahne, Salz und Pfeffer zufügen und 5 Sekunden/Stufe 3 verrühren.
7. Das Wirsing-Hackfleisch-Gemisch auf dem Teig verteilen, die Tomatenhälften mit der Schnittfläche nach oben darauflegen und die Käsesauce darübergießen.
8. Tarte im vorgeheizten Backofen auf der unteren Schiene 45–50 Minuten backen, bis die Sauce gestockt und der Teigrand goldgelb ist. Etwas abkühlen lassen und erst dann aus der Springform lösen.

Rezeptregister

Fettarm

Kalorienarm

Low-Carb

Mit Fisch

Mit Fleisch

Vegan

Vegetarisch

Bildnachweis

S. 9: Bruce McIntosh/iStockphoto.com; S. 14: topseller/Shutterstock.com, gresei/Shutterstock.com, LUHUANFENG/iStockphoto.com, manfredxy/Shutterstock.com, JIANG HONGYAN/Shutterstock.com, Tiger Images/Shutterstock.com, Pincarel/Shutterstock.com, anitasstudio/Shutterstock.com, nevodka/Shutterstock.com; S. 15: Dionisvera/Shutterstock.com, Chatchawal Kittirojana/Shutterstock.com, Kitty/Fotolia.com, Lifetime Stock/Shutterstock.com, Mageon/Shutterstock.com, Enlightened Media/Shutterstock.com, Bergamont//Shutterstock.com, picatmanu/Shutterstock.com, JIANG HONGYAN/Shutterstock.com, spaxiax/Shutterstock.com; S. 16: Sue Robinson/Shutterstock.com; S. 17: Liliya Kandrashevich/Shutterstock.com; S. 18: StudioIcon/Shutterstock.com, Sudowoodo/Shutterstock.com, Nevada31/Shutterstock.com, Mc LOVIN/Shutterstock.com; S. 19: Maram/Shutterstock.com, AS Food studio/Shutterstock.com, Handmade-Pictures/Shutterstock.com, Africa Studio/Shutterstock.com, Seregam/Shutterstock.com, Viktor1/Shutterstock.com, Timolina/Shutterstock.com, Jiri Hera/Shutterstock.com, AS Food studio/Shutterstock.com; S. 20: bjphotographs/Shutterstock.com; S. 21: kirin_photo/iStockphoto.com; S. 23: Elena Veselova/Shutterstock.com; S. 24: vkuslandia/Shutterstock.com; S. 26: Liliya Kandrashevich/Shutterstock.com; S. 28: Peredniankina/Shutterstock.com; S. 29: Peredniankina/Shutterstock.com; S. 31: Liliya Kandrashevich/Shutterstock.com; S. 33: MShev/Shutterstock.com; S. 35: Africa Studio/Shutterstock.com; S. 37: exopixel/Shutterstock.com; S. 38: LUHUANFENG/iStockphoto.com, Frans Rombout/iStockphoto.com; S. 41: Kenishirotie/iStockphoto.com; S. 42: eaglesky/iStockphoto.com; S. 45: Tuned_In/iStockphoto.com; S. 47: Oliver kite/Shutterstock.com; S. 49: Lilechka75/iStockphoto.com; S. 52: tpzijl/Fotolia.com; S: 53: EzumeImages/iStockphoto.com; S. 55: angelsimon/iStockphoto.com; S. 57: Gena Melendrez/Shutterstock.com; S. 59: Ezume Images/Shutterstock.com; S. 61: travelbook/Fotolia.com; S. 63: azurita/Fotolia.com; S. 65: Nordling/iStockphoto.com; S. 66: omer sukru goksu/iStockphoto.com; S. 67: Radu Dumitrescu/iStockphoto.com; S. 71: Annett Vauteck/iStockphoto.com; S. 73: KPG_Payless/Shutterstock.com; S. 74: Slavica Stajic/Shutterstock.com; S. 76: Olha Afanasieva/Shutterstock.com; S. 78: Enlightened Media/Shutterstock.com; S. 79: Megan Betz/Shutterstock.com; S. 81: Oksana Shufrych/Shutterstock.com; S. 82: Lapina Maria/Shutterstock.com; S. 84: multimartinator/Fotolia.com; S. 87: Roman Tsubin/Shutterstock.com; S. 89: Timolina/Shutterstock.com; S. 90: Dar1930/Shutterstock.com; S. 92: Peter Zijlstra/Shutterstock.com; S. 93: Seagull_I/iStockphoto.com; S. 95: teleginatania/Shutterstock.com; S. 96: GreenArt Photography/Shutterstock.com; S. 99: Jiri Hera/Shutterstock.com; S. 101: gordana jovanovic/iStockphoto.com; S. 102: Lilyana Vynogradova/Fotolia.com; S. 103: Liliya Kandrashevich/Shutterstock.com; S. 105: Elena_Danileiko/iStockphoto.com; S. ESB Essentials/Shutterstock.com; S. 108: Anticiclo/Fotolia.com; S. 111: alain wacquier/Fotolia.com; S. 112: Edenwithin/Fotolia.com; S. 113: Silvia Bogdanski/Fotolia.com; S. 115: Michael Tewes/Fotolia.com; S. 11: Jiri Hera/Shutterstock.com; S. 118: misszin/iStockphoto.com; S. 119: A_Lein/Fotolia.com; S. 121: bmf-foto.de/Fotolia.com; S. 123: AS Food studio/Shutterstock.com; S. 125: Yvonne Bogdanski/Fotolia.com; S. 127: ManWe/iStockphoto.com; S. 129: Natalikaevsti/iStockphoto.com; S. 130: rdnzl/Fotolia.com; S. 130: Kitty/Fotolia.com; S. 131: nata_vkusidey/iStockphoto.com; S. 133: Olha Afanasieva/Shutterstock.com; S. 135: Scruggelgreen/Shutterstock.com; S. 137: maggee/Shutterstock.com; S. 139: Fanfo/Shutterstock.com; S. 140: Juanmonino/iStockphoto.com; S. 141: A_Lein/Fotolia.com; S. 143: AS Food studio/Shutterstock.com; S. 146: LifetimeStock/Shutterstock.com; S. 149: Kvitka Fabian/Shutterstock.com; S. 151: Azurita/iStockphoto.com; S. 153: Butautas Barauskas/Shutterstock.com; S. 157: Peredniankina/Shutterstock.com; S. 158: Ulada/Shutterstock.com; S. 161: Nataliya Arzamasova/Shutterstock.com; S. 163: Sebastian Studio/Shutterstock.com; S. 165: katrinkivi/Fotolia.com; S. 167: timolina/Fotolia.com; S. 168: nata_vkusidey/Fotolia.com; S. 171: Piotr Krzeslak/iStockphoto.com; S. 172: Brzostowska/Shutterstock.com, Peter Zijlstra/Shutterstock.com; S. 175: donstock/iStockphoto.com; S. 177: Heike Rau/iStockphoto.com; S. 179: Jiri Hera/Shutterstock.com; S. 181: Brzostowska/Shutterstock.com; S. 183: Master1305/Shutterstock.com; S. 185: rudisill/iStockphoto.com; S. 186: spaxiax/Shutterstock.com, JIANG HONGYAN/Shutterstock.com; S. 187: AGfoto/iStockphoto.com; S. 189: Simone Andress/Shutterstock.com; S. 191: Ildi/Fotolia.com; S. 192: ManuWe/iStockphoto.com; S. 195: zoryanchik/Shutterstock.com; S. 199: wsf-f/Fotolia.com; S. 200: kameramann/Fotolia.com